La psychologie de l'argent

Pourquoi le bonheur ne s'achète pas ?

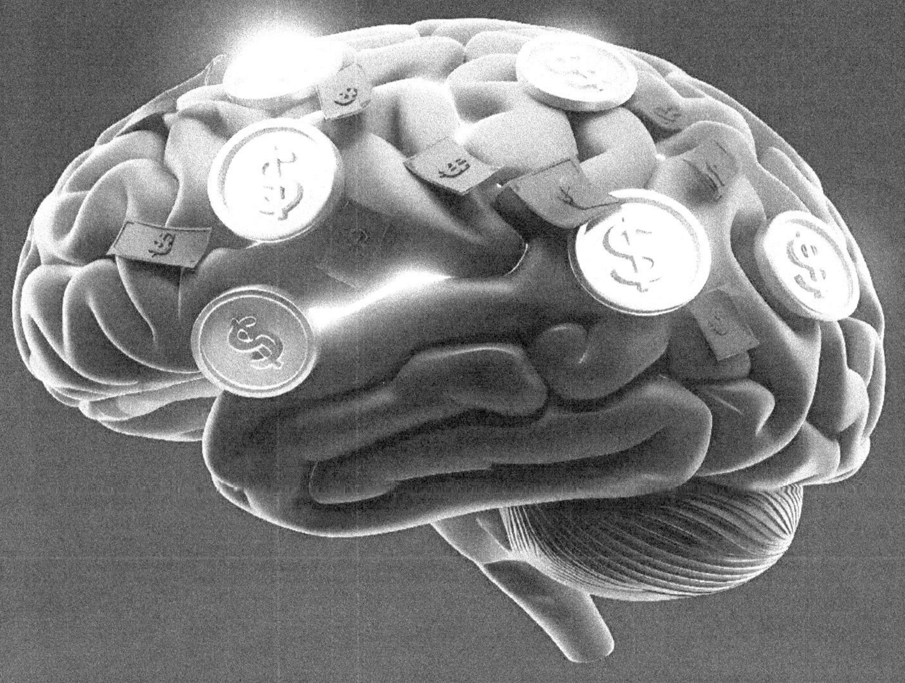

Ed Merid

LA PSYCHOLOGIE DE L'ARGENT POURQUOI LE BONHEUR NE S'ACHÈTE PAS ?

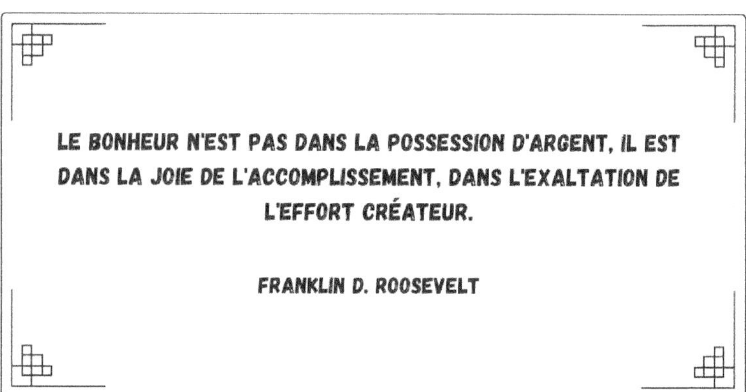

ED MERID

Table des matières

Introduction

Fermez les yeux un instant. Remontez le temps et plongez dans vos souvenirs d'enfance liés à l'argent. Vous rappelez-vous le tintement joyeux de votre tirelire quand vos parents y glissaient quelques pièces ? Ou peut-être les discussions animées autour des fins de mois difficiles ? Ces premières expériences façonnent notre rapport à l'argent, le marquant d'une empreinte durable. Elles peuvent lui conférer une aura positive de récompense méritée, ou au contraire, l'associer au stress et à l'angoisse.

Imaginez maintenant toucher le gros lot. 100 millions de dollars ! Une somme faramineuse qui exauce tous vos rêves les plus fous. Un monde de luxe et d'extravagances s'ouvre à vous, promettant des plaisirs sans fin. Pourtant, détrompez-vous : si l'argent procure un confort matériel indéniable, il est loin d'être la clé du bonheur durable. Combien de célébrités, riches et célèbres, ont sombré dans la dépression, les addictions, voire le suicide malgré leur immense fortune ?

La vérité est que le bonheur ne se cache pas dans un coffre-fort. Il réside bien ailleurs, beaucoup plus près de nous : dans les petits plaisirs simples du quotidien, dans la profondeur de nos relations, dans la poursuite de nos passions et dans la paix intérieure que nous cultivons.

Ce livre vous invite à explorer la psychologie complexe qui sous-tend notre relation à l'argent. Il vous éclaire sur la manière dont nos désirs, nos peurs et nos biais nous poussent à croire que plus d'argent signifie plus de bonheur. Mais surtout, il vous guide vers un rapport plus sain et équilibré avec vos finances.

Apprenez à dompter vos envies frénétiques de consommation et à investir dans ce qui compte réellement. Ouvrez ce livre et laissez-vous mener vers une nouvelle conception du véritable bonheur, celle qui s'épanouit indépendamment de votre situation financière.

Êtes-vous prêt à entamer ce voyage transformateur ? Commencez dès maintenant.

Partie 1 : Comprendre la psychologie de l'argent

Comprendre la psychologie de l'argent est un élément clé pour toute personne souhaitant maîtriser ses finances et atteindre un bonheur durable. L'argent est un outil puissant qui peut nous aider à réaliser nos rêves et à vivre une vie épanouie, mais il peut aussi être une source de stress, d'anxiété et de malheur. Pour comprendre la psychologie de l'argent, il est important de prendre en compte les facteurs émotionnels, cognitifs et sociaux qui influencent notre relation avec l'argent.

Tout d'abord, l'argent est souvent associé à des émotions fortes telles que la peur, la culpabilité, l'envie et la frustration. Ces émotions peuvent nous pousser à prendre des décisions irrationnelles et à adopter des comportements autodestructeurs. Par exemple, la peur de manquer d'argent peut nous amener à épargner de manière excessive, tandis que la culpabilité peut nous pousser à dépenser de manière compulsive pour combler un vide intérieur. Pour comprendre la psychologie de l'argent, il est donc essentiel de prendre conscience de ces émotions et de les gérer de manière appropriée.

Ensuite, notre relation avec l'argent est fréquemment influencée par des biais cognitifs et des erreurs de jugement. Par exemple, nous avons tendance à surestimer la valeur des objets que nous possédons et à sous-estimer la valeur des objets que nous convoitons. Nous avons également tendance à nous concentrer sur les gains à court terme plutôt que sur les bénéfices à long terme, ce qui peut nous amener à prendre des décisions financières imprudentes. Pour comprendre la psychologie de l'argent, il est donc important de prendre conscience de ces biais cognitifs et de les corriger.

Enfin, notre relation avec l'argent est souvent façonnée par des influences sociétales telles que la publicité, les médias sociaux et les normes sociales. Ces influences peuvent nous pousser à dépenser de manière excessive pour impressionner les autres ou pour suivre les tendances, ce qui peut avoir des conséquences néfastes sur notre bien-être financier et émotionnel. Pour comprendre la psychologie de l'argent, il est donc essentiel de prendre conscience de ces influences et de les remettre en question.

En somme, comprendre la psychologie de l'argent nécessite de prendre en compte les facteurs émotionnels, cognitifs et sociaux qui influencent notre relation avec l'argent. En prenant conscience de ces facteurs et en les gérant de manière appropriée, nous pouvons cultiver une relation plus saine et plus épanouissante avec l'argent. Cela nous permettra de prendre des décisions financières éclairées et de cultiver un bonheur durable, indépendamment de notre niveau de revenu ou de notre statut social. Il est important de se rappeler que l'argent est un outil et non une fin en soi, et que notre relation avec l'argent devrait être basée sur nos valeurs et nos objectifs personnels. En fin de compte, comprendre la psychologie de l'argent peut nous aider à vivre une vie plus épanouissante et plus heureuse.

Chapitre 1 : Le mythe du bonheur acheté

Depuis des temps immémoriaux, l'être humain voue une véritable fascination pour l'argent et les richesses. Une quête effrénée de prospérité qui semble ancrée au plus profond de notre psyché. Pourtant, malgré tous nos efforts pour accumuler toujours plus de biens matériels, le bonheur durable se dérobe souvent, tel un mirage insaisissable.

La vérité est que nous entretenons un mythe tenace : celui qu'une richesse financière accrue nous comblerait et nous rendrait enfin pleinement épanouis. Un leurre qui trouve ses racines dans notre évolution même en tant qu'espèce.

Durant la majeure partie de notre histoire, la survie était une lutte de tous les instants. Nos ancêtres chasseurs-cueilleurs devaient sans cesse scruter l'horizon à la recherche de nouvelles ressources vitales : nourriture, eau, abris. En ces temps précaires, ceux qui parvenaient à amasser le plus de provisions étaient avantagés. Ce réflexe primordial d'accumulation s'est alors inscrit dans notre bagage génétique et psychologique.

Si aujourd'hui la plupart d'entre nous n'avons heureusement plus à nous soucier de notre simple subsistance au quotidien, cette impulsion primitive, elle, ne nous a pas quittés. Elle persiste, bien que largement obsolète dans nos sociétés d'abondance. Collectionneurs compulsifs d'objets, de maisons, de voitures de luxe, nous poursuivons inlassablement cette chimère d'accumulation infinie, persuadés qu'elle nous apportera enfin la plénitude.

Or non seulement cette quête est sans fin, mais elle manque cruellement sa cible : le véritable bonheur. Comme l'ont démontré de multiples études scientifiques, passé un certain seuil de revenus permettant de subvenir à nos besoins de base. L'augmentation de notre richesse matérielle n'impacte en rien, ou si peu, notre niveau de bien-être psychologique sur le long terme.

Un constat que vient étayer l'observation du vécu de nombreuses célébrités ou personnalités fortunées. Malgré des comptes en banque aux multiples zéros, combien d'entre elles sont-elles pas sombrées dans la dépression, les addictions, voire le suicide ? À l'évidence, leurs immenses privilèges financiers étaient loin d'être une panacée au malheur.

Mais alors, d'où vient cette croyance ancrée qu'argent facilement acquis rime forcément avec bonheur au quotidien ? La réponse tient en partie à certains biais cognitifs qui faussent notre jugement. L'un des plus tenaces est ce que les psychologues appellent "le biais du revenu relatif". En clair : nous évaluons systématiquement notre niveau de vie non pas en valeur absolue, mais en le comparant à notre entourage. Gagner 100 000 dollars par an peut ainsi nous sembler fabuleux... jusqu'à ce que notre voisin reçoive une promotion et en gagne 150 000. Notre joie initiale s'émousse alors, remplacée par la jalousie et un sentiment d'insuffisance, quand bien même notre train de vie demeure objectivement confortable.

Ce biais explique pourquoi, quelle que soit notre fortune, nous avons toujours l'impression de ne pas en avoir assez. Il suffit de regarder autour de nous pour constater qu'il y a toujours plus riche. Nous idéalisons alors ces existences de riches privilégiés, fantasmant que plus de millions dans nos comptes résoudrait enfin notre manque à être, cette faim tenace d'accomplissement.

Et pourtant, n'est-ce pas là le comble du mirage ? Car s'il est une leçon que nous enseignent ces milliardaires malheureux, c'est que l'argent seul est cruellement insuffisant pour combler nos besoins émotionnels et existentiels les plus fondamentaux. Le vide ressenti n'est que déplacé, jamais réellement comblé.

Bien que cruciale pour subvenir à nos besoins primaires, la quête sans fin de l'opulence matérielle est une impasse sur le chemin du bonheur durable. Une fois nos conditions de vie décentes assurées, d'autres facteurs bien plus essentiels doivent entrer en jeu : la santé, les relations profondes, la réalisation personnelle, la paix intérieure. En poursuivant obstinément cette chimère de la richesse comme rédemption ultime, nous passons à côté de ce qui donne précisément de la saveur et du sens à l'expérience humaine.

Alors certes, avoir de l'argent peut grandement faciliter les choses. Mais n'oublions pas son rôle d'outil, de moyen, et non de fin en soi. Le véritable enjeu n'est pas d'en accumuler toujours davantage, mais plutôt d'apprendre à l'apprivoiser avec sagesse. À en faire un ressort vers une vie plus légère, paisible et alignée sur nos véritables priorités, plutôt qu'une entrave à notre épanouissement.

Se défaire de l'illusion tenace que le bonheur s'achète est la première étape pour rééquilibrer notre rapport, souvent trouble, à cette chose à la fois si précieuse et si trompeuse : l'argent.

1.1 - Lien entre argent et bonheur : une illusion ?

Le lien entre argent et bonheur est une question qui a fait l'objet de nombreuses recherches en psychologie et en économie. Beaucoup de gens croient que plus ils ont d'argent, plus ils seront heureux. Cependant, de nombreuses études ont montré que le lien entre argent et bonheur est beaucoup plus complexe qu'il n'y paraît et que l'argent n'est pas nécessairement la clé du bonheur.

Tout d'abord, il est essentiel de comprendre que le bonheur est un état émotionnel profondément subjectif et multidimensionnel qui dépend de nombreux facteurs intrinsèques et extrinsèques. Parmi ceux-ci, on peut citer les relations sociales épanouissantes, une bonne santé physique et mentale, un sentiment d'accomplissement et de réalisation de soi, mais aussi la présence d'un cadre de vie sain et sûr permettant de combler ses besoins fondamentaux. Si l'argent peut faciliter l'accès à certains de ces facteurs contributifs, il ne peut en aucun cas, à lui seul, garantir un bonheur durable et profond.

En effet, de multiples études empiriques ont démontré qu'au-delà d'un certain seuil de revenus permettant d'assurer un niveau de vie décent, une augmentation de la richesse matérielle n'apporte qu'un bénéfice marginal, voire nul, en termes de bien-être psychologique ressenti. Les personnes les plus fortunées ne sont statistiquement pas plus heureuses que celles de la classe moyenne une fois leurs besoins de base convenablement couverts.

Ce constat peut s'expliquer par la théorie de l'adaptation hédonique, qui stipule que les êtres humains ont une remarquable capacité à s'habituer à leur niveau de vie, qu'il soit modeste ou luxueux. Ainsi, même un événement positif majeur comme une grosse augmentation salariale ou un gain substantiel ne fera que procurer une bouffée temporaire de satisfaction, rapidement suivie d'un inexorable retour au niveau de bien-être psychologique antérieur, une fois l'effet de nouveauté dissipé.

De manière paradoxale, la concentration excessive sur l'accumulation de richesses peut même avoir des répercussions dommageables sur le bonheur. De nombreux travaux ont mis en évidence que les individus accordant une importance démesurée à l'argent et au statut social qui lui est associé sont plus enclins à souffrir de stress chronique, d'anxiété, voire de dépression. Cette quête incessante de biens matériels toujours plus nombreux et dispendieux peut se muer en une source intarissable de frustrations et d'insatisfactions permanentes.

Un autre écueil majeur vient renforcer ce piège psychologique : l'omniprésence de la société de consommation et de ses puissants vecteurs. À travers les médias, la publicité et les réseaux sociaux, nous sommes constamment bombardés par un flot ininterrompu d'injonctions nous exhortant à dépenser toujours davantage pour assouvir nos désirs factices, nous promettant que la possession de tel ou tel objet sera le prochain vecteur de notre félicité.

Cette pression sociale permanente, couplée à notre naturelle tendance à la comparaison avec nos pairs, nous pousse dans une impasse. Quelle que soit notre prospérité réelle, il y aura toujours quelqu'un paraissant encore plus riche et comblé, réactivant ainsi notre sentiment de manque et notre convoitise. Ce jeu stérile de comparaison perpétuelle ne fait qu'alimenter une insatisfaction chronique impossible à étancher durablement par l'accumulation aveugle de biens.

Il serait naïf d'ignorer également les effets pernicieux de la surconsommation et de l'endettement excessif sur notre équilibre intérieur. Outre les répercussions négatives sur notre santé financière, cette spirale effrénée de dépenses compulsives ne fait qu'engendrer stress, culpabilité et perte de contrôle, autant de poisons redoutables pour notre bien-être psychologique.

Pour cultiver un bonheur authentique et durable, il nous faut donc apprendre à démêler cette fabuleuse illusion selon laquelle l'argent serait un sésame d'épanouissement garanti. Son accumulation déraisonnée n'est, au mieux, qu'un leurre incapable d'apaiser nos manques les plus fondamentaux.

En prenant conscience de ces multiples facteurs psychologiques, sociaux et comportementaux susceptibles de nous égarer, nous pourrons réorienter nos efforts vers ce qui nourrit réellement l'âme humaine. Plutôt que de céder au mirage du consumérisme effréné, concentrons nos ressources disponibles sur le développement de relations chaleureuses, la poursuite de passions épanouissantes et la quête d'un sens profond à notre parcours. C'est dans ces contrées essentielles que réside la clé d'une véritable félicitée intérieure, bien au-delà des fastes illusoires de l'opulence matérielle.

1.2 - Les études scientifiques sur le lien entre argent et bonheur

Les études scientifiques sur le lien entre argent et bonheur ont été nombreuses et variées au fil des ans. Les chercheurs ont utilisé différentes méthodes pour étudier cette relation complexe, allant des enquêtes aux expériences en laboratoire. Dans l'ensemble, ces études ont montré que le lien entre argent et bonheur est beaucoup plus faible que ce que l'on pourrait penser.

Une étude souvent citée dans ce domaine est celle menée par les économistes Daniel Kahneman et Angus Deaton en 2010. Dans cette étude, les chercheurs ont analysé les données d'une enquête auprès de 450 000 Américains pour examiner le lien entre le revenu et le bien-être émotionnel. Ils ont constaté que le bien-être émotionnel augmentait avec le revenu jusqu'à un certain point, mais qu'au-delà de ce point, l'argent n'apportait pas de bénéfice supplémentaire en termes de bonheur. Ce point de satiété était d'environ 75 000 dollars par an.

Cependant, d'autres études ont contesté ces résultats et ont montré que le lien entre argent et bonheur est plus complexe qu'une simple relation linéaire. Par exemple, une étude menée par Matthew Killingsworth en 2010 a utilisé une application pour smartphone pour suivre les niveaux de bonheur des gens en temps réel. Les résultats ont montré que les gens étaient plus heureux lorsqu'ils étaient engagés dans des activités qu'ils trouvaient agréables, peu importe le montant d'argent qu'ils gagnaient.

Une autre étude menée par Ryan Howell et ses collègues en 2012 a examiné le lien entre le revenu et la satisfaction de vie. Ils ont constaté que le revenu était associé à une plus grande satisfaction de vie, mais que cette association était plus faible dans les pays plus riches. En outre, les chercheurs ont constaté que les personnes qui dépensaient leur argent pour des expériences plutôt que pour des biens matériels étaient plus heureuses.

D'autres études ont montré que le lien entre argent et bonheur dépend de la façon dont les gens utilisent leur argent. Par exemple, une étude menée par Elizabeth Dunn et ses collègues en 2008 a montré que les gens étaient plus heureux lorsqu'ils dépensaient leur argent pour les autres plutôt que pour eux-mêmes. Dans cette étude, les chercheurs ont donné de l'argent à des étudiants et leur ont demandé de le dépenser soit pour eux-mêmes, soit pour les autres. Les résultats ont montré que les étudiants qui avaient dépensé leur argent pour les autres étaient plus content que ceux qui avaient dépensé leur argent pour eux-mêmes.

Une autre étude menée par Lara Aknin et ses collègues en 2013 a montré que les gens étaient plus joyeux lorsqu'ils dépensaient leur argent pour des expériences plutôt que pour des biens matériels. Dans cette étude, les chercheurs ont demandé à des participants de rappeler une expérience ou un achat récent et de noter leur niveau de bonheur. Les résultats ont montré que les participants étaient plus heureux lorsqu'ils pensaient à une expérience plutôt qu'à un achat.

Enfin, il est important de noter que le lien entre argent et bonheur peut être influencé par des facteurs culturels et sociaux. Par exemple, une étude menée par Ed Diener et ses collègues en 2010 a examiné le lien entre le revenu et le bien-être subjectif dans 164 pays. Les résultats ont montré que le lien entre argent et bonheur était plus faible dans les pays plus riches et plus individualistes.

Pour conclure, les études scientifiques sur le lien entre argent et bonheur ont montré que cette relation est complexe et dépend de nombreux facteurs. Bien que l'argent puisse contribuer à certains facteurs de bonheur, il ne peut pas à lui seul garantir le bonheur. En outre, la façon dont les gens utilisent leur argent peut avoir un impact important sur leur bonheur. Pour cultiver un bonheur durable, il est important de prendre conscience de ces facteurs et de cultiver une relation plus saine et plus épanouissante avec l'argent.

1.3 - L'impact des médias et de la société de consommation

Les médias et la société de consommation exercent une influence prépondérante sur notre rapport à l'argent et au bonheur. Deux facteurs principaux cristallisent les effets pervers et les dérives de ce système : d'une part, la promotion incessante d'un idéal matérialiste axé sur la possession et l'accumulation de biens ; d'autre part, la création continuelle de nouveaux besoins artificiels et désirs consuméristes.

Omniprésente dans les publicités, séries, films ou réseaux sociaux, la culture médiatique baigne en permanence les individus dans un flot d'images et de messages associant implicitement réussite, statut social et bonheur à la détention de produits dernier cri ou de marques prestigieuses. Ce culte de l'apparence et de la consommation ostentatoire s'immisce dès le plus jeune âge, érodant progressivement l'importance accordée à des valeurs comme l'épanouissement intérieur, la simplicité volontaire ou l'entraide.

De nombreuses études ont mis en lumière les effets délétères d'une telle exposition sur le bien-être psychologique. Dès l'adolescence, une forte intériorisation des idéaux matérialistes véhiculés par les médias est corrélée à des niveaux plus élevés d'anxiété, de dépression, de troubles alimentaires et de narcissisme. À l'âge adulte, les personnes les plus imbues de ces valeurs consuméristes affichent également une satisfaction de vie globalement inférieure.

Au-delà de ces simples croyances, c'est surtout le renforcement d'un style de vie focalisé sur l'acquisition perpétuelle qui menace le plus durablement le bonheur. Cette fuite en avant vers toujours plus de possessions matérielles, sans cesse relancée par la mode et l'obsolescence programmée, entraîne un engrenage d'insatisfactions chroniques et de déceptions à répétition.

L'effet d'accoutumance, amplement documenté par la psychologie depuis des décennies, explique en partie ce phénomène. La joie procurée par un nouvel achat, aussi intense soit-elle au départ, s'émousse rapidement et l'objet finit par être considéré comme acquis. Son pouvoir de susciter l'émerveillement s'estompe, remplacé par l'envie d'une nouvelle acquisition encore plus désirable. Ce cercle vicieux engendre à terme un sentiment diffus de manque et de vide intérieur que même les possessions les plus coûteuses ne pourront combler durablement.

Un autre facteur clé réside dans la stimulation artificielle et excessive du désir inhérente au modèle sociétal promu par les médias et l'industrie. Par un habile mélange de conditionnement persuasif et d'ingénierie du désir, ceux-ci ont érigé la consommation effrénée en moteur d'une économie de marché conquérante. Derrière les incitations récurrentes à "se faire plaisir", se cache une machinerie marketing sophistiquée visant à créer chez le public de nouveaux besoins toujours plus grands afin d'assurer une croissance perpétuelle.

Pour y parvenir, ces acteurs prospectent sans relâche les moindres frustrations, insatisfactions et failles de l'être humain dans le but de les exploiter insidieusement comme débouchés commerciaux. Sentiment d'infériorité physique ou sociale, quête de reconnaissance, peur de vieillir ou de disparaître... Chacune de ces fragilités existentielles est méticuleusement disséquée puis instrumentalisée de manière à présenter un produit, un service ou une expérience comme sa panacée idéale.

La constante stimulation de ces manques primitifs s'avère particulièrement dévastatrice pour le bien-être psychologique, car elle repose sur un mécanisme doublement destructeur : en alimentant sans répit nos frustrations pour mieux nous vendre leur désamorçage temporaire, les recettes marketing distillent une profonde impression d'insatisfaction chronique tout en entravant notre chemin vers une plénitude et une sagesse intérieures durables.

Face à ce puissant levier psychologique, rares sont ceux dotés d'une présence d'esprit et d'une maîtrise de soi suffisantes pour se soustraire aux multiples pièges tendus par la culture de consommation. Son emprise insidieuse sur notre esprit se renforce d'ailleurs à mesure que la frontière publicité-média s'estompe et que les contenus s'imbriquent toujours davantage avec le placement produit.

De la simple sitcom à la vidéo à succès sur YouTube, en passant par les séries primées et le cinéma indépendant, chaque œuvre désormais baigne dans un écosystème médiatique teinté de matérialisme débridé. Les spectateurs sont exposés à un niveau inédit de promotion voilée et de modelage implicite de leurs idéaux et de leurs désirs.

Poussées dans leur extrême logique, ces pratiques pourraient aboutir à l'avènement d'êtres humains devenus prisonniers de leurs propres désirs artificiels sans fin, dans une spirale perpétuelle de frustrations et de compensations éphémères par l'achat. Un terreau particulièrement stérile pour la recherche d'un bonheur pérenne et d'un accomplissement véritable.

Certains militants et penseurs engagés s'élèvent d'ores et déjà contre ces dérives sociétales et commerciales jugées contraires à l'épanouissement profond des individus. De nouvelles philosophies prônent un "détachement" vis-à-vis des biens matériels au profit d'une quête de sens, de relations humaines solides et d'expériences nourrissantes pour l'âme. Le mouvement "anti-consumérisme" appelle ainsi à rompre avec la tyrannie des objets superflus et la dictature des apparences pour renouer avec une vie sobre, tournée vers l'essentiel.

D'autres courants vont encore plus loin en appelant à un boycott total des médias et de leur culture toxique d'asservissement consenti aux désirs factices. Selon leurs partisans les plus radicaux, seule une réappropriation individuelle des moyens spirituels et culturels d'émancipation permettra de briser les lourdes chaînes psychologiques de la société de consommation effrénée.

Si ces prises de position sont parfois excessives, il n'en demeure pas moins que le système prédominant axé sur la recherche frénétique du toujours plus s'avère être un terreau particulièrement ingrat pour cultiver un bonheur sincère et durable. En privilégiant la possession et l'apparence à l'Être, il entretient chez les individus un sentiment permanent de manque que rien ne semble pouvoir combler. Auquel cas, nul ne pourra sérieusement s'étonner de l'obsession grandissante pour la recherche d'une félicité véritable dans les sociétés les plus prospères.

1.4 - Exemples concrets de personnes riches et malheureuses

Le mythe selon lequel l'argent apporte automatiquement le bonheur est profondément ancré dans l'imaginaire collectif. Pourtant, de nombreux exemples de célébrités riches et fortunées viennent contredire cette croyance tenace. Derrière les paillettes et le faste, se cachent bien souvent des personnes en proie à une profonde détresse émotionnelle et existentielle. Deux facteurs principaux paraissent expliquer ce paradoxe : d'une part, l'incapacité de la richesse à combler un vide intérieur ; d'autre part, les effets anxiogènes d'un train de vie outrancier et de l'exposition médiatique constante.

Les cas tragiques de stars brisées par la gloire et la richesse fourmillent. Qui ne se souvient des descentes aux enfers de Britney Spears, Whitney Houston ou encore Michael Jackson ? Dépression nerveuse, addictions en tous genres, troubles de la personnalité... Tous ont connu leur calvaire malgré des fortunes colossales à pouvoir assouvir leurs moindres désirs matériels.

Au-delà des excès de la célébrité, le milieu des affaires et de l'entrepreneuriat offre également son lot de riches désabusés. L'homme d'affaires américain Ted Ammon, héritier d'une fortune estimée à 25 millions de dollars, fut retrouvé mort en 2001 dans des circonstances troublantes. Selon des proches, sa quête effrénée de luxe et d'accumulation l'avait rendu profondément malheureux et amer. Pourtant riche à millions, il sembla toujours insatisfait et incapable de trouver un sens à sa vie.

Un exemple marquant est celui du joueur de basket américain Michael Jordan. Avec un patrimoine net estimé à 1,7 milliard de dollars en 2022, Jordan fait partie des athlètes les plus riches au monde grâce à ses contrats lucratifs et ses investissements réussis. Pourtant, malgré cet immense succès financier, Jordan a souvent évoqué son insatisfaction intérieure. Dans une interview en 2020, il confiait : "L'argent n'est qu'une chose qui me fait me sentir momentanément bien. Puis la question devient : maintenant quoi ? L'argent ne remplit pas tout, ça ne comble pas un vide émotionnel profond." À 59 ans, la légende de la NBA reconnaissait ainsi que les richesses matérielles ne l'avaient pas rendu pleinement heureux et comblé. Son témoignage illustre bien que l'argent seul ne peut suffire à atteindre un véritable épanouissement.

Ces trajectoires pour le moins paradoxales illustrent à quel point la richesse, aussi démesurée soit-elle, reste d'une vacuité profonde à combler les manques existentiels de l'être humain. Un enseignement que résume avec justesse l'homme d'affaires Richard Tren dans son autobiographie : "J'ai fait fortune en quelques années, mais cet argent ne m'a jamais rendu heureux un seul instant. Au contraire, plus je gagnais, plus le vide intérieur s'agrandissait."

Au-delà de cette incapacité foncière à procurer une plénitude durable, l'opulence et la célébrité paraissent aussi engendrer de lourdes contreparties psychologiques. De nombreuses stars ont ainsi fait les frais des effets anxiogènes d'un mode de vie centré sur l'apparence, le culte de soi et une exposition médiatique sans limites.

L'actrice Teri Hatcher, connue pour son rôle dans Desperate Housewives, a révélé avoir souffert de troubles obsessionnels sévères durant toute sa période de gloire. Malgré ses 40 millions de dollars de revenus, elle ne parvenait plus à se concentrer sur autre chose que son image et sa couverture permanente dans les médias. "J'étais devenue folle, littéralement folle" confia-t-elle au sujet de cette spirale d'anxiété dévorante.

Un constat similaire fut dressé par l'acteur Jim Carrey, dont la fortune culmina à 300 millions de dollars. Rattrapé par de graves épisodes dépressifs, il finit par réaliser que son succès et sa richesse étaient loin de le combler. "J'ai tout eu et je réalisai que ce n'était pas la réponse", déclara-t-il avant de se lancer dans une profonde quête spirituelle.

Au Royaume-Uni, le chanteur Robbie Williams s'est montré encore plus explicite sur les travers psychologiques induits par la richesse et la notoriété. Dépressif et boulimique malgré ses 200 millions d'euros amassés, il a dénoncé les "illusions toxiques" véhiculées par le bling-bling et le culte des apparences. Selon lui, ce train de vie futile et dénué de sens profond aurait failli le détruire tant psychologiquement que physiquement.

Ces exemples tragiques confirment à quel point les écueils humains ne sont jamais loin sous le vernis mordoré de l'opulence. Prestige, argent et possessions demeurent cruellement vides de sens lorsque la quête effrénée de réussite sociale se substitue à la recherche d'accomplissement personnel et de sagesse intérieure.

Une réalité soulignée sans détours par l'ancien mannequin Kim Sall : "Vous pouvez vivre dans le palace le plus luxueux, mais si vous n'avez pas la paix intérieure, ça ne change rien. Le vide sera toujours là, où que vous soyez et quoi que vous fassiez. L'argent ne comblera jamais vos blessures émotionnelles les plus profondes."

Une mise en garde universelle à méditer, qu'on se prénomme Kim ou simplement Monsieur Tout-le-Monde. Le bonheur ne se marchande décidément pas, quel que soit le nombre de zéros sur son compte en banque.

1.5 - La quête du bonheur : un cheminement personnel et indépendant de l'argent

Alors que les sociétés développées atteignent des niveaux de prospérité matérielle sans précédent, une prise de conscience collective semble poindre : le bonheur ne se trouve décidément pas au bout d'une course effrénée à la consommation et à l'accumulation de richesses. Les exemples de célébrités millionnaires en proie à la dépression et au vide existentiel rappellent crûment cette vérité désormais bien documentée par la science. Deux facteurs majeurs rendent la quête du bonheur véritable, un cheminement nécessairement indépendant des simples considérations matérielles.

Tout d'abord, de multiples études ont établi une dissociation marquée entre bien-être subjectif et niveau de vie au-delà d'un certain seuil de revenus relativement modeste. Au-delà de ce palier permettant de subvenir convenablement à ses besoins essentiels, la corrélation entre hausse des revenus et bonheur ressenti s'effondre quasiment à zéro. Un constat qui questionne sérieusement le dogme sociétal selon lequel toujours plus de consommation serait indispensable pour accéder à une vie épanouie.

Ce phénomène trouve en partie son explication dans les mécanismes d'adaptation hédonique mis en lumière par la psychologie positive. Les humains ont en effet tendance à s'habituer rapidement à tout changement positif durable dans leurs conditions de vie, que ce soit l'achat d'une maison de rêve ou le gain substantiel d'un gros lot. Ce qui constituait une source de joie intense au départ finit inévitablement par être intégré à la nouvelle norme, ne suscitant plus autant d'enthousiasme qu'auparavant. Ce processus conduit à une forme de course sans fin aux nouveaux stimuli procurant un plaisir éphémère.

L'argent et la richesse sont donc structurellement limités dans leur capacité à engendrer un bonheur pérenne. Leur quête sans fin risque même de se révéler contre-productive, nous privant d'une forme d'accomplissement plus ancrée et profonde.

Un deuxième facteur explique pourquoi le chemin vers la plénitude intérieure ne saurait se réduire à la simple acquisition d'un niveau de vie élevé. Il s'agit de la nature multidimensionnelle et individuelle du bonheur, conditionnée par de multiples déterminants personnels et subjectifs.

Des travaux de terrain menés à grande échelle ont permis de cartographier les principaux ingrédients contribuant au bien-être des individus dans sa globalité. Si les besoins matériels de base (logement, accès aux soins, sécurité financière...) apparaissent logiquement comme un prérequis, de nombreux autres déterminants primordiaux sont venus s'ajouter. Parmi les plus notables figurent la santé physique et mentale, les relations sociales épanouissantes, un cadre de vie sain, le développement personnel et la poursuite d'objectifs valorisants.

Ces résultats mettent en évidence le caractère nécessairement personnalisé du parcours vers le bonheur en fonction des aspirations, forces et fragilités propres à chacun. Une gymnastique d'introspection semble indispensable pour identifier ses véritables sources potentielles d'épanouissement avant d'entamer ce chemin initiatique.

C'est ce travail de fond que relate Stephanie Bermudez dans son témoignage inspirant. Après une grave dépression liée à son emploi éreintant dans une multinationale, cette cadre trentenaire réalisa que la réussite sociale et matérielle ne représentait en rien son idéal de vie. "J'étais riche, mais malheureuse au plus profond de moi-même. J'avais besoin de retrouver un sens et un équilibre dans mon existence."

Après une longue période d'introspection, Stephanie décida de renouer avec ses passions du jardinage et de la cuisine bio et végétarienne. Combinées à une vie plus simple, une pratique spirituelle régulière et des liens sociaux solides, ces activités signifiantes devinrent le terreau d'un accomplissement beaucoup plus substantiel. "Le bonheur n'était pas dans le compte en banque, encore moins dans le train de vie. Il était là, à portée de main, dans les petits plaisirs terrestres et l'écoute de mon moi profond."

Une démarche globale d'épanouissement personnel que rejoint Fabrice Midal, psychothérapeute et auteur du best-seller "Le bonheur malgré tout". Selon lui, la véritable félicité émane avant tout d'un sentiment de maîtrise sur sa propre existence et de l'impression de donner un sens à sa vie au quotidien.

"Le bonheur n'a pas de prix, il se mérite. C'est un travail sur soi permanent, une quête de ce qui nous comble vraiment au plus intime de notre être, au-delà du paraître et de la réussite matérielle", précise le spécialiste. Une démarche de sagesse exigeante, mais infiniment plus durable et saine selon lui que la course aux leurres permanents de la société de consommation.

Finalement, le bonheur apparaît bien comme un accomplissement personnel holistique transcendant les simples indicateurs financiers ou matériels. Un processus nécessitant de cultiver tout un écosystème d'ingrédients complémentaires : santé, relations humaines nourrissantes, activités enthousiasmantes, sens profond de sa vie, maîtrise de son existence...

Un chemin de quête initiatique plutôt qu'un niveau de revenus à atteindre. Un défi de connaissance de soi plutôt qu'un horizon de consommation effrénée. Une démarche de construction créative de sa propre félicité, au carrefour d'une multitude de facteurs physiques, psychologiques, sociaux et spirituels.

Telle est la leçon de ces parcours personnels inspirants. Le bonheur véritable ne se trouve pas dans l'opulence en elle-même, mais dans la quête (patiente) et personnalisée d'un accomplissement multidimensionnel ancré dans l'Être au lieu de l'Avoir. Un cheminement indépendant des leurres éphémères de la société de consommation.

Chapitre 2 : L'Argent et ses Influences Psychologiques

L'argent est un élément omniprésent dans notre vie quotidienne. Il est utilisé pour acheter des biens et des services, pour épargner en vue de l'avenir et pour investir dans des projets. Cependant, l'argent a également une influence psychologique importante sur notre comportement, nos émotions et nos décisions. Dans ce chapitre, nous allons explorer les différentes façons dont l'argent peut influencer notre psychologie.

Tout d'abord, l'argent peut avoir un impact sur notre estime de soi et notre identité. Dans notre société, la richesse est souvent associée à la réussite et au statut social. Les personnes qui ont plus d'argent peuvent se sentir plus importantes et plus respectées que celles qui en ont moins. Cela peut conduire à une quête constante de richesse et de statut social, au détriment de notre bien-être émotionnel et de nos relations sociales.

Ensuite, l'argent peut influencer notre prise de décision. Des études ont montré que les personnes qui ont plus d'argent sont plus susceptibles de prendre des décisions risquées et impulsives. Cela peut être dû au fait que l'argent peut donner un sentiment de sécurité et de contrôle, ce qui peut conduire à une prise de décision plus téméraire.

De plus, l'argent peut avoir un impact sur nos émotions. Les personnes qui ont des problèmes financiers peuvent ressentir du stress, de l'anxiété et de la dépression. À l'inverse, les personnes qui ont plus d'argent peuvent ressentir un sentiment de sécurité et de bien-être. Cependant, il est important de noter que l'argent ne peut pas acheter le bonheur durable et que les émotions positives associées à l'argent peuvent être éphémères.

L'argent peut également influencer nos relations sociales. Les personnes riches peuvent être perçues comme plus puissantes et plus influentes que les personnes moins fortunées. Cela peut conduire à des relations sociales inégales et à des conflits sociaux. En outre, l'argent peut être utilisé pour acheter des faveurs et des privilèges, ce qui peut corrompre les relations sociales et créer des inégalités.

Enfin, l'argent peut influencer notre éthique et notre moralité. Des études ont montré que les personnes qui ont plus d'argent sont plus susceptibles de se comporter de manière égoïste et de prendre des décisions immorales. Cela peut être dû au fait que l'argent peut donner un sentiment de pouvoir et de contrôle, ce qui peut conduire à une diminution de l'empathie et de la compassion envers les autres.

Il est important de prendre conscience de l'influence psychologique de l'argent sur notre comportement, nos émotions et nos décisions. Pour cultiver un bonheur durable, il est important de cultiver une relation plus saine et plus épanouissante avec l'argent. Cela peut impliquer de réévaluer nos priorités et nos valeurs, de limiter notre exposition aux médias et à la publicité, et de trouver des moyens plus durables et plus satisfaisants de trouver le bonheur.

En outre, il est important de prendre des décisions financières éclairées et responsables. Cela peut impliquer de créer un budget réaliste, de réduire nos dépenses inutiles, d'épargner en vue de l'avenir et d'investir dans des projets qui reflètent nos valeurs et nos aspirations. En prenant des décisions financières éclairées et responsables, nous pouvons cultiver une relation plus saine et plus épanouissante avec l'argent.

En concluant, l'argent a une influence psychologique importante sur notre comportement, nos émotions et nos décisions. Pour cultiver un bonheur durable, il est important de prendre conscience de cette influence et de cultiver une relation plus saine et plus épanouissante avec l'argent. En réévaluant nos priorités et nos valeurs, en prenant des décisions financières éclairées et responsables, et en trouvant des moyens plus durables et plus satisfaisants de trouver le bonheur, nous pouvons cultiver un bonheur plus durable et plus épanouissant.

2.1 - Le rôle de l'argent dans la vie humaine : sécurité, pouvoir, liberté

Bien au-delà de sa fonction première d'instrument d'échange économique, l'argent revêt une multitude de significations psychologiques profondes dans l'imaginaire collectif. Trois dimensions symboliques majeures se dégagent, façonnant en filigrane notre rapport complexe à l'argent : la sécurité, le pouvoir et la liberté.

La quête de sécurité constitue probablement le moteur psychologique le plus puissant dans notre relation à l'argent. Dès le plus jeune âge, nous intégrons la croyance que la possession de ressources financières conséquentes permettrait d'être à l'abri des principales menaces existentielles.

Ce schéma psychologique trouve son origine dans notre héritage évolutif. Nos ancêtres chasseurs-cueilleurs ont dû affronter pendant des millénaires un environnement naturel imprévisible et hostile où la survie tenait à un fil. Disposer d'importantes réserves de nourriture, d'un abri solide et de biens d'équipement représentait alors une véritable question de vie ou de mort.

Cette angoisse existentielle profondément enracinée en nous tend à se cristalliser dans une quête compulsive de sécurité matérielle par l'accumulation excessive de richesses. L'argent devient alors synonyme de protection absolue et imprenable contre tous les risques perçus. Un véritable rempart rassurant contre l'insécurité et les peurs les plus primitives.

Pourtant, cette illusion sécuritaire présente de profondes limites. De nombreux facteurs extérieurs (catastrophes naturelles, crises économiques, guerres...) peuvent à tout moment réduire à néant les plus imposantes fortunes et plonger leurs détenteurs dans la précarité du jour au lendemain. Pis encore, la frénésie accumulatrice peut venir miner les véritables fondations d'une sécurité globale en délaissant les sphères essentielles de notre équilibre : famille, santé, relations sociales nourrissantes...

La deuxième grande symbolique psychologique liée à l'argent réside dans sa dimension de pouvoir et de domination. Depuis les prémices de la civilisation humaine, la possession de richesses a toujours été associée à l'acquisition d'un contrôle sûr autrui. Un biais cognitif profondément ancré tend à conférer un immense prestige social aux personnes fortunées.

Ce schéma psychologique trouve son origine dans les structures hiérarchiques tribales des sociétés ancestrales. Les membres les plus riches et influents du clan s'arrogeaient naturellement un ascendant sur les autres, leur permettant d'orienter les décisions cruciales et de bénéficier de nombreux privilèges.

Ce pouvoir leur conférait également la capacité d'influer sur le destin d'autrui, de façonner l'environnement social et matériel selon leurs vœux. Une forme de contrôle sur le monde qui flattait leur ego et stimulait leur soif de domination sur les autres. Une dynamique psychologique que l'on retrouve encore à l'œuvre dans notre société contemporaine, notamment à travers les luttes de pouvoir économiques et politiques liées à l'argent.

Pourtant là encore, cette équation réductrice entre argent et pouvoir s'avère être un leurre au regard des avancées sociétales récentes. Nombre de contre-exemples mettent en évidence qu'influence et capacité d'action émanent souvent davantage de compétences particulières, d'un charisme naturel ou d'une vision inspirante que de la seule détention d'un patrimoine financier conséquent.

La dernière grande symbolique rattachée à la thématique de l'argent gravite autour de la notion de liberté et d'indépendance. Disposer d'importantes ressources financières est généralement perçu comme la promesse de s'affranchir de multiples contraintes susceptibles d'entraver notre épanouissement personnel.

Liberté de mouvement d'abord, avec la capacité de se déplacer et de voyager sans restrictions budgétaires. Liberté dans nos choix de vie ensuite, en nous permettant d'embrasser la voie professionnelle ou personnelle désirée sans considérations financières bloquantes. Liberté de réaliser nos objectifs et aspirations les plus audacieux enfin, grâce aux moyens de concrétiser nos rêves les plus fous.

Ce mirage d'une vie dégagée de toute entrave financière trouve un puissant écho psychologique dans l'idéologie libertarienne imprégnant les sociétés occidentales. Portée par un vent d'individualisme forcené, la quête d'une liberté totale par l'argent vise à faire de chacun le souverain absolu, affranchi de toute contrainte extérieure.

Pourtant, là encore, la réalité se révèle bien plus nuancée que ce fantasme d'indépendance absolue par la richesse. De nombreux déterminants psychologiques, sociaux et écologiques s'immiscent dans l'équation de notre liberté intérieure réelle au point de la rendre souvent illusoire pour les ultra-fortunés eux-mêmes. Une remise en perspective fondamentale semble nécessaire pour ne pas se laisser abuser par ce mirage.

Au final, au-delà des fonctions vitales de l'argent, celui-ci charrie de puissants archétypes inconscients transcendant les simples considérations matérielles. Sécurité, pouvoir, liberté... Autant de promesses fantasmées qui en font un objet de désir à part entière. Une compréhension lucide de ces multiples dimensions symboliques représente un prérequis indispensable pour renouer avec une relation équilibrée et saine à l'argent.

2.2 - Les émotions liées à l'argent : peur, culpabilité, envie, frustration

Notre rapport à l'argent n'est pas seulement d'ordre rationnel et matériel. Il s'avère en réalité indissociable d'un riche spectre d'émotions complexes, parfois contradictoires, qui viennent teinter notre vécu psychologique et notre comportement financier au quotidien. Des sentiments comme la peur, la culpabilité, l'envie ou la frustration surgissent en filigrane, influencés par nos conditionnements socioculturels et nos déterminants psychologiques personnels.

La peur constitue probablement l'émotion la plus prégnante associée à l'argent dans l'imaginaire collectif. Une angoisse viscérale qui puise ses racines dans notre héritage évolutif de chasseurs-cueilleurs confrontés à un environnement naturel hostile et incertain. Ne pas disposer de réserves suffisantes menaçait alors directement la survie du groupe.

Cet effroi ancestral lié au manque de ressources persiste encore aujourd'hui en chacun de nous, même chez les plus fortunés. La perspective d'une perte soudaine de son patrimoine ou de ses revenus fait resurgir un stress profond, une véritable terreur existentielle de se retrouver dépourvu et dans l'incapacité de subvenir à ses besoins vitaux.

À un niveau plus individuel, nos propres blessures infantiles, carences et traumatismes vécus durant l'enfance, peuvent nourrir une forme de phobie obsessionnelle liée à l'argent et à l'idée de manquer. Cette peur irraisonnée se manifeste souvent par des comportements paradoxaux d'avarice morbide ou au contraire de dépenses frénétiques incontrôlées permettant de rassurer temporairement nos angoisses par la possession compulsive.

À l'autre extrémité du spectre émotionnel se trouve le sentiment de culpabilité, parfois renforcé par certains préceptes moraux ou spirituels dénigrant la richesse matérielle. S'enrichir, accumuler, dépenser de l'argent dans le simple but de satisfaire ses désirs peut être perçu comme une forme d'égoïsme condamnable par de nombreux systèmes de croyances.

Cette culpabilité trouve son origine dans les discours moralisateurs qui ont bercé nos sociétés depuis l'Antiquité. L'argent a souvent été présenté comme une source fondamentale de vices et de corruption de l'âme humaine. Une impureté à combattre pour atteindre un idéal de vertu, d'abnégation et de dépouillement spirituel.

Des schémas de pensées qui persistent encore aujourd'hui, véhiculés par certaines doctrines philosophiques, religieuses ou l'idée d'un consumérisme forcené incompatible avec une forme d'élévation spirituelle. Un jugement de valeur culpabilisateur qui peut venir saper le bien-être psychologique de personnes en réussite financière.

L'envie représente une autre émotion récurrente dans notre lien complexe à l'argent. Un sentiment inconscient d'admiration teintée de jalousie et de convoitise à l'égard de ceux qui paraissent posséder plus que nous. Notre société moderne vénère le culte ostentatoire de la réussite financière, attisant inexorablement un désir d'imiter les plus fortunés.

Cette envie contagieuse entretenue par la société de consommation trouve ses racines dans notre nature grégaire et notre besoin primitif d'appartenance. Nos ancêtres chasseurs-cueilleurs enviaient les membres du clan bénéficiant du meilleur statut, synonyme de sécurité et d'avantages clairs pour la survie.

Ce réflexe de comparaison sociale et de compétition est aujourd'hui habilement exploité par les stratégies marketing des marques de luxe. La possession ostentatoire de produits surmédiatisés devient le symbole d'appartenance à une élite valorisée, établissant une hiérarchie artificielle.

Au-delà de ces ressentis dominants, la frustration représente une autre émotion négative récurrente. Qu'il s'agisse de ne pas parvenir à atteindre ses objectifs financiers ou bien d'être confronté à des factures imprévues, l'argent s'avère une source intarissable de frustrations pour de nombreux individus.

Les origines de cette frustration résidente dans deux principaux facteurs. Le premier réside dans l'immense décalage entre nos ambitions matérielles illimitées et la réalité de moyens nécessairement finis. Cette contradiction insoluble alimente un insatiable sentiment d'incomplétude permanente, quel que soit notre niveau de richesse.

La seconde source fondamentale de frustration liée à l'argent provient d'une incapacité profonde à maîtriser entièrement notre rapport à celui-ci. Diverses influences extérieures (conditions économiques, aléas de la vie, etc.) mais aussi nos propres failles psychologiques (compulsions, angoisses, etc.) nous échappent inexorablement, générant de multiples déconvenues frustrantes.

Peur, culpabilité, envie, frustration... L'éventail des émotions négatives associées à l'argent semble donc particulièrement riche et intense. Un constat révélateur de la place prépondérante qu'occupe ce dernier au cœur de notre psyché profonde, au-delà des simples considérations matérielles.

Prendre conscience de ces états émotionnels complexes qui nous animent représente une étape indispensable pour initier une réelle transformation intérieure. Accueillir, décrypter et apprivoiser ces ressentis apparaît en effet comme un prérequis à l'émancipation de leur emprise excessive afin de renouer avec une relation saine et apaisée à l'argent.

2.3 - Les biais cognitifs et les erreurs de jugement liés à l'argent

Notre rapport à l'argent n'est pas seulement régi par des considérations rationnelles. Bien que nous aimions à penser le contraire, de nombreux biais cognitifs et erreurs de jugement viennent inconsciemment fausser notre perception et nos décisions financières. Des heuristiques mentales héritées de notre évolution se heurtent aux réalités complexes de notre société moderne, générant de fréquents écueils psychologiques.

Ces distorsions cognitives trouvent en partie leur origine dans nos conditionnements socioculturels qui forgent nos croyances et nos représentations de l'argent dès le plus jeune âge. Publicités, films, contes merveilleux... Tous ces vecteurs véhiculent une mythologie quasi fantasmagorique de la richesse matérielle comme gage de bonheur absolu, de succès et de liberté.

L'argent est érigé en une fin en soi, dotée de pouvoirs presque magiques pour résoudre tous les problèmes de l'existence. Dès l'enfance, nous assimilons ce schéma de pensée simpliste et réducteur sans en percevoir les limites intrinsèques. Une forme de court-circuitage cérébral qui maintiendra son emprise jusqu'à l'âge adulte malgré l'expérience de la réalité.

Ce type de raccourci mental relève du biais de l'argent-solution universelle. En surestimant les capacités de la richesse matérielle à apporter le bonheur ou la liberté, nous occultons les véritables déterminants multidimensionnels d'une vie équilibrée et épanouissante. L'accumulation effrénée de biens pouvant même produire l'effet inverse en sapant les fondations de notre bien-être.

Un autre biais répandu consiste à surestimer le montant d'argent nécessaire pour améliorer significativement son niveau de vie. De nombreuses études ont en effet démontré qu'au-delà d'un certain seuil de revenus permettant de subvenir à ses besoins fondamentaux, les augmentations supplémentaires n'apportent qu'un surcroît marginal de satisfaction.

Pourtant, malgré ces évidences, nous demeurons animés par la conviction irrationnelle que davantage d'argent nous rendrait indubitablement plus heureux. Un biais d'espérance persistant alimenté par notre soif naturelle d'enrichissement, largement relayée par une société de consommation effrénée. La fixation obsédante du prochain palier de richesse focalise notre esprit au détriment de la pleine appréciation du présent.

Notre perception de la valeur des biens et services est également gangrenée par le biais d'ancrage. Un mécanisme mental par lequel nous prenons appui, souvent inconsciemment, sur un point de référence initial pour évaluer le caractère raisonnable ou non d'un prix donné. L'efficacité des pratiques commerciales jouant sur des références de prix partiellement mensongères exploite précisément ce travers cognitif.

De même, le biais de l'aversion aux pertes nous amène naturellement à privilégier un gain incertain plutôt qu'une perte certaine de même ampleur. Une distorsion issue de nos mécanismes cérébraux primitifs où la survie dépendait de la capitalisation des moindres ressources. Une tendance qui encourage une prise de risques supplémentaire pour éviter des pertes pécuniaires à court terme, au détriment d'une vision rationnelle à long terme.

Nos décisions financières pâtissent aussi de divers biais d'auto complaisance et de partis pris intérieurs. En période faste, nous surfons allègrement sur des vagues d'optimisme excessif, persuadés que notre talent et nos compétences sont seuls à l'origine de nos succès financiers. À l'inverse, en cas de revers, nous cherchons facilement des circonstances extérieures sur lesquelles rejeter la faute pour dédouaner notre ego.

Un autre écueil fréquent réside dans l'illusion de contrôle, ce biais nous amenant à surestimer nos capacités à maîtriser une situation, notamment dans les domaines financiers spéculatifs. Ce sentiment illusoire alimente des prises de risque inconsidérées au nom d'une confiance démesurée en notre faculté de juger ou de prédire la complexité des marchés financiers.

Enfin, il convient également d'évoquer le puissant biais d'affirmation tenace induit par nos systèmes idéologiques. Influencés par notre vision politique, économique ou philosophique, nous avons tendance à accorder un poids prédominant aux informations et croyances confortant nos présupposés initiaux. Remettant rarement en question nos certitudes préétablies, y compris face à des données contradictoires manifestes.

Qu'ils proviennent de nos conditionnements culturels ou de nos propres schémas mentaux individuels forgés par notre vécu, ces multiples biais attestent à quel point notre rapport à l'argent - que nous pensions rationnel - reste en réalité teinté de nombreuses erreurs de jugement irrationnelles. Prendre conscience de cette dimension représente une étape cruciale pour initier le chemin d'une relation plus équilibrée et épanouissante au monde financier.

2.4 - Les différentes personnalités financières et leur impact sur notre relation avec l'argent

Bien que l'argent soit un objet inanimé, notre rapport à celui-ci se révèle extrêmement personnel et teinté d'une multitude de nuances psychologiques. Au-delà des circonstances objectives et des réalités chiffrées, nos traits de personnalité profonds, nos croyances, nos expériences et nos conditionnements façonnent une relation singulière et complexe avec le monde financier.

En approfondissant cette dynamique psychologique, certains experts ont dégagé différents profils types illustrant les personnalités financières prédominantes au sein de la population. Explorons ces principales caractéristiques pour mieux cerner les subtilités de notre lien à l'argent.

La personnalité financière la plus communément observée correspond au profil de l'Équilibré. Dotés d'une vision pragmatique et rationnelle envers l'argent, ces individus considèrent celui-ci comme un moyen au service de leurs objectifs de vie sans en faire une fin en soi. Maîtrisant leurs dépenses, ils privilégient l'épargne et l'investissement réfléchi sur le long terme. Sans obsession ni frilosité excessive, leur rapport à l'argent demeure globalement sain et modéré.

À l'opposé se situe la personnalité du Dépensier effréné. Mus par une quête insatiable de gratifications instantanées, ces profils ont tendance à dilapider leurs ressources dans une frénésie de consommation impulsive. Leur sens des priorités s'avère brouiller par des désirs immédiats et ils peinent à résister aux tentations de dépenser, même lorsque leur budget ne le permet pas. Une relation émotionnelle et chaotique les pousse à s'endetter facilement.

Une autre personnalité financière marquante est incarnée par l'Accumulateur obsessionnel. Animés par une peur viscérale du manque et de l'insécurité, ces individus érigent l'accumulation de richesses comme un but ultime valorisé à l'excès. Toute leur existence tourne autour de l'optimisation compulsive de leurs finances, minimisant leurs dépenses pour grossir sans cesse leur patrimoine. Un rapport quasi malsain à l'argent qui les coupe des véritables plaisirs de la vie.

À l'inverse, le profil du Dépensier insouciant souffre d'un déficit majeur d'anticipation et de planification financière. Leur priorité réside dans la recherche d'une satisfaction immédiate de leurs envies. Ils manquent de discipline pour épargner et préparer l'avenir, vivant intégralement au jour le jour. Une relation émotionnelle et impulsive qui fragilise leur situation financière sur le long terme.

Le profil de l'Évitant constitue un autre cas particulier. Anxieux et angoissés à l'extrême vis-à-vis de l'argent et de ses implications, ces individus cherchent à éluder complètement cette thématique problématique. Ils délèguent leurs responsabilités financières et se désintéressent totalement de leur situation, entraînant de sérieux risques. Un rapport de fuite autodestructeur né d'une forme de blocage psychologique profond.

La personnalité du Joueur relève également d'une dynamique psychologique complexe. Ces profils considèrent avant tout l'argent sous l'angle du défi, de l'adrénaline et de la prise de risques. Ils recherchent activement les investissements spéculatifs à fort potentiel de gains rapides sans appréhender pleinement les dangers encourus. Un rapport dominé par la sensation de contrôle illusoire et le besoin de sensations fortes.

À l'inverse, la personnalité du Radin incarne une forme d'avarice extrême et irrationnelle. Ces personnes accordent une énorme importance à l'argent tout en peinant à l'utiliser ou à en retirer du plaisir. Leur rapport est marqué par une forme d'angoisse chronique qui les pousse à refuser toute dépense, même mineure, de façon démesurée malgré leurs ressources confortables.

Le profil du Mécène représente un autre type de personnalité financière singulière. Si l'argent occupe une place centrale dans leurs préoccupations, ces individus trouvent leur principal accomplissement dans la capacité à aider autrui grâce à leur fortune. Donateurs généreux par conviction philanthropique, ils estiment que leur patrimoine ne vaut que par les bonnes causes qu'il permet de servir.

Enfin, la personnalité du Money Maker incarne la quête effrénée du profit comme finalité en soi. Ces profils entrepreneurs ou spéculateurs ont fait de l'accumulation rapide de richesses leur unique raison d'être. Ils se définissent entièrement par leurs réussites financières, leur estime propre étant totalement indexée sur leurs performances dans ce domaine au détriment d'un épanouissement global.

Bien que schématiques, ces différents archétypes illustrent à quel point notre lien à l'argent s'avère intimement façonner par nos traits de personnalité profonds. Nos croyances, nos peurs, nos motivations et nos mécanismes de valorisation personnelle se projettent dans notre manière d'appréhender le monde financier. Une conscience lucide de notre profil dominant apparaît comme un prérequis indispensable pour transformer notre rapport à l'argent et rétablir un équilibre plus serein.

2.5 - L'impact de l'éducation financière sur la psychologie de l'argent

Au-delà des aspects rationnels et techniques, notre relation psychologique avec l'argent trouve ses racines dans notre vécu, nos expériences et nos schémas mentaux forgés depuis l'enfance. Si nombre de nos croyances, peurs ou comportements irrationnels face à l'argent relèvent de conditionnements ancrés profondément, l'éducation financière constitue un levier d'évolution majeur pour transformer en profondeur notre rapport au monde financier.

Cette dimension éducative représente un véritable défi dans nos sociétés modernes. Bien que l'argent y occupe une place prépondérante, les formations et l'accompagnement pour développer une littératie financière solide demeurent généralement lacunaires dès le plus jeune âge.

Ce déficit ne fait qu'amplifier les carences émotionnelles et cognitives transmises de génération en génération au sein des familles. Les parents, eux-mêmes parfois en proie à des schémas psychologiques biaisés hérités de leurs propres parents, reproduisent inconsciemment ces croyances limitantes auprès de leurs enfants. Un cercle vicieux propice aux angoisses et aux blocages qui entacheront durablement la confiance de ces derniers dans leur capacité à gérer sereinement leur argent.

Le premier apport fondamental d'une éducation financière précoce concerne l'acquisition de bases solides en matière de gestion budgétaire et d'outils d'épargne. Devenir rapidement à l'aise avec les notions de revenus, de dépenses, de soldes ou encore d'objectifs d'épargne représente un prérequis pour installer dès le plus jeune âge des réflexes vertueux.

En se familiarisant avec ces pratiques vertueuses de manière ludique et positive, l'enfant pourra progressivement apprivoiser l'argent, non plus comme une source d'angoisse ou d'interdit, mais comme un moyen de concrétiser ses projets dans la sérénité. Aborder ces thématiques sous un angle responsabilisant mais exempt de jugement moral permet de lever nombre de croyances culpabilisatrices souvent intériorisées.

Au-delà de ces aspects concrets, l'éducation financière se doit également d'apporter des clés de compréhension sur les mécanismes psychologiques et émotionnels sous-jacents. Décrypter les origines de nos biais cognitifs, de nos peurs irrationnelles ou de nos comportements impulsifs représente un levier essentiel pour s'en affranchir progressivement.

En prenant conscience des ressorts psychologiques profonds qui animent notre rapport à l'argent, il devient alors possible d'identifier les schémas mentaux contre-productifs à déconstruire. Apprendre à reconnaître la part d'influence de nos blessures passées, de nos croyances acquises ou de nos moteurs existentiels inconscients ouvre la voie d'une relation purgée de ces filtres émotionnels.

L'éducation financière revêt ainsi une dimension éthique majeure. Questionner nos systèmes de valeurs et notre philosophie particulière vis-à-vis de la richesse s'avère indispensable pour dissiper d'éventuelles contradictions internes sources de stress. Définir ses priorités claires, ses objectifs de vie et ce que représente pour soi le "succès financier" devient un garde-fou précieux contre les dérives consuméristes dénuées de sens.

Mais au-delà du cadre individuel, cet aspect philosophique nourrit une prise de conscience citoyenne précieuse. Intégrer les enjeux sociétaux et environnementaux de l'accumulation de richesses, promouvoir une vision plus responsable et durable de l'épargne et des investissements participent d'une évolution positive des mentalités. Une éducation globale à même de catalyser une véritable transformation de notre rapport collectif à l'argent.

L'apport d'une solide éducation financière ne saurait cependant se limiter à l'aspect théorique. La mise en pratique constitue une étape fondamentale afin de solidifier les apprentissages et lever progressivement les blocages émotionnels par l'expérience concrète. Conduire ses propres projets d'épargne, de budget ou d'investissement en étant accompagné permet de gagner en confiance dans ses propres capacités.

Cet accompagnement individualisé par des professionnels qualifiés représente un atout supplémentaire pour décrypter ses croyances ou ses schémas mentaux parfois profondément enkystés. Un suivi sur la durée facilitera le transfert des compétences techniques et le renforcement de l'estime de soi autour de la thématique financière.

Pour finir, l'éducation financière, lorsqu'elle est menée de manière globale en intégrant les dimensions émotionnelles, comportementales et éthiques, constitue un puissant levier d'évolution en profondeur. En se dotant des connaissances adéquates, en identifiant ses éventuelles zones d'ombres psychologiques et en définissant ses propres valeurs sur le sujet, chacun pourra évoluer vers une relation apaisée avec l'argent. Une étape cruciale pour une nouvelle génération libérée des croyances limitantes héritées du passé.

Chapitre 3 : Les motivations derrière l'accumulation de richesse

Pourquoi chercher à accumuler des richesses ? Cette quête de prospérité matérielle qui anime tant d'individus à travers le monde soulève une interrogation fondamentale sur ses origines profondes. Au-delà des évidentes nécessités de subvenir à ses besoins vitaux, quelles sont les motivations réelles qui sous-tendent ce désir souvent immodéré d'enrichissement ? Une analyse approfondie révèle que les facteurs psychologiques et émotionnels à l'œuvre sont multiples et complexes.

L'une des principales motivations réside dans la quête de sécurité financière, vecteur essentiel de sérénité. Face aux aléas de l'existence comme le chômage, la maladie ou la vieillesse, constituer un matelas financier confortable procure un sentiment rassurant de stabilité et de contrôle sur son avenir. Les traumatismes liés à des épisodes de privation dans l'enfance ou une situation précaire vécue dans le passé renforcent souvent cette obsession sécuritaire.

Cependant, au-delà d'un certain niveau de ressources suffisant pour se prémunir des risques majeurs, cette pulsion tend à se muer en accumulation compulsive et irrationnelle. Les riches ne sont en effet pas nécessairement exempts de cette angoisse tenace du manque, sans cesse repoussée par la fixation du prochain palier d'aisance financière à atteindre.

Une autre motivation cruciale réside dans la quête de liberté et d'indépendance que véhicule la fortune. Posséder des richesses représente le pouvoir de s'affranchir des contraintes professionnelles, familiales ou sociétales pour se consacrer pleinement à ses projets de vie les plus chers. La capacité de voyager, de se ressourcer, de choisir ses engagements sans devoir se plier à d'autres diktats qu'aux siens propres incarne une forme d'émancipation suprême.

Toutefois, cette représentation idéalisée de la liberté par l'argent s'avère souvent trompeuse. Les plus grands fortunés témoignent fréquemment du profond sentiment d'aliénation que génère l'obsession de maintenir et de faire fructifier encore davantage leur patrimoine, au détriment d'une véritable sérénité intérieure.

Le désir de reconnaissance sociale et d'estime de soi constitue un autre moteur psychologique puissant dans la course aux richesses. Dans nos sociétés avec lesquelles le "succès" se mesure trop souvent à l'aune de la réussite financière, l'importance accordée au statut, au prestige et au train de vie reflété par notre patrimoine reste prégnante.

Cet impératif de respectabilité par l'argent trouve ses racines dans les schémas mentaux séculaires et tenaces qui érigent la richesse matérielle en condition nécessaire, bien que non suffisante, de l'accomplissement d'une vie. Le besoin viscéral de se distinguer, voire de s'élever au-dessus de son milieu social d'origine stimule une forme d'ambition parfois démesurée.

Pourtant, l'expérience montre que cette recherche forcenée de reconnaissance s'avère le plus souvent insatisfaisante et aliénante à terme. Le vide existentiel résultant d'une existence entièrement dévouée à l'objectif fuyant d'une image sociale valorisée devient étouffant pour de nombreux newly riches.

Dans une société où le culte du pouvoir reste prééminent, accumulation de richesses et soif de domination entretiennent des liens intrinsèques. Les fortunés bénéficient immanquablement d'une forme d'emprise, plus ou moins consciente, sur les autres classes sociales à travers leur puissance financière. Un levier d'influence convoité par certains, dans la sphère publique comme privée, pour assouvir des pulsions de contrôle et d'affirmation.

Si ce besoin profond se conçoit pour des individus ayant souffert par le passé de rapports de soumission ou d'impuissance, il s'exprime souvent sous des formes exacerbées contreproductives. La volonté d'acheter une impressionnante stature sociale n'offre bien souvent qu'une satisfaction éphémère avant de nourrir un sentiment d'insatisfaction chronique.

Enfin, les motivations spirituelles, philosophiques ou philanthropiques ne sauraient être mésestimées dans la quête de fortune. Pour certaines personnalités, l'accumulation de richesses n'est qu'un moyen de poursuivre une quête supérieure d'amélioration du monde. Qu'il s'agisse de promouvoir un idéal, de contribuer à des causes humanitaires ou écologiques, la fortune constitue le vecteur vertueux d'un héritage à léguer à l'humanité.

À rebours de cette vision prométhéenne empreinte d'abnégation, d'autres individus poursuivent l'enrichissement comme une fin en soi inscrite dans un idéal de transcendance personnelle. Accomplir une destinée extraordinaire, défier les limites humaines traditionnelles et inscrire son nom dans la postérité des grands conquérants motivent indéniablement certains aventuriers du monde des affaires.

À la fin, loin d'être vouée à une finalité unique, la quête de fortune révèle une pluralité de motivations profondes, parfois contradictoires ou complémentaires selon les individualités. Une plongée dans les méandres psychologiques à l'œuvre aide à mieux cerner les ressorts de cette pulsion vitale, tout en mettant en exergue ses éventuelles dérives existentielles.

3.1 - Le besoin de sécurité et de confort

Parmi les nombreuses motivations psychologiques à l'origine de la quête d'enrichissement, le besoin profond de sécurité et de confort occupe une place prépondérante. Face aux multiples aléas et incertitudes inhérents à la condition humaine, la recherche d'un cocon financier protecteur et stable apparaît comme un puissant facteur de sérénité et d'équilibre émotionnel.

Cette aspiration à une forme de sécurité matérielle trouve ses racines dans les fondements mêmes de la pyramide des besoins humains telle que théorisée par le psychologue Abraham Maslow. Après la satisfaction des besoins physiologiques vitaux (respiration, nourriture, sommeil...), la nécessité de se sentir en sécurité, à l'abri des menaces et des dangers, représente la seconde étape cruciale vers l'épanouissement personnel.

Dans nos sociétés modernes réputées prospères, ce besoin élémentaire de quiétude ne saurait pourtant être tenu pour acquis. Le spectre du chômage, de la maladie, du handicap ou de l'insécurité demeure une épée de Damoclès susceptible de fragiliser considérablement la situation financière de tout un chacun à tout instant. Une menace explosive pour la stabilité et l'équilibre de vie, notamment pour les personnes à la tête d'une famille.

Dès lors, constituer une épargne de précaution suffisante pour parer à ces situations critiques devient un objectif primordial pour bon nombre d'individus soucieux de se prémunir face aux multiples risques inhérents à l'existence. Un "matelas financier" solide offre un rempart salvateur contre l'angoisse de la précarité ou de la chute brutale dans un avenir incertain.

Toutefois, ce réflexe légitime de prudence ne se limite pas à ce simple niveau de sécurité de base. La définition même du "seuil de confort" suffisant pour s'estimer pleinement à l'abri du besoin varie grandement selon les individus, leurs aspirations et leurs antécédents personnels. Une variable éminemment psychologique, teintée des traumatismes, peurs et conditionnements vécus dans l'enfance.

Pour celui ayant grandi dans un milieu défavorisé marqué par la pauvreté et les privations, le besoin d'accumuler des ressources dépassant les standards traditionnels de vie aisée relèvera d'un puissant moteur intérieur. Une forme de revanche sur un passé de précarité souvent ancré dans l'inconscient. Le réflexe de thésaurisation s'avère alors dicter par la hantise viscérale du manque ou de la déchéance sociale.

À l'inverse, les personnes ayant toujours baigné dans un environnement aisé dénué de réelles carences matérielles présenteront généralement un rapport plus apaisé à l'argent. Leur définition personnelle du niveau de sécurité financière requis pour se sentir serein s'établira généralement sur des bases élevées mais non obsessionnelles.

Dans les deux cas, ce profond besoin d'assise sécuritaire n'en demeure pas moins légitime au regard des multiples aléas qui jalonnent l'existence. La vieillesse, le besoin de faire face aux dépenses de santé parfois pharamineuses ou encore la volonté de léguer un patrimoine décent à ses enfants motivent une démarche d'accumulation prudente sur le long terme.

Cependant, au-delà d'un certain stade de prospérité atteint, la quête sécuritaire de richesse peut rapidement se muer en obsession compulsive et aliénante. La frontière entre la prudence légitime et l'avidité irrationnelle tend à se brouiller lorsque la hantise du manque finit par dominer tous les ressorts psychologiques de l'individu.

Ce glissement progressif, où chaque nouveau palier financier franchi n'offre qu'une accalmie momentanée avant que le réflexe d'accumulation ne resurgisse avec force, contribue à nourrir un profond sentiment d'insatisfaction. À mesure que la fortune grandit, le niveau de revenus espéré pour apaiser définitivement les angoisses n'en finit plus d'être repoussé dans une fuite en avant permanente.

Un phénomène de dépendance psychologique redoutable peut alors s'installer, le simple fait d'envisager une existence avec un train de vie moins opulent devenant source de terreur incontrôlable. Un cercle vicieux toxique menace alors de se refermer, au détriment de la sérénité d'esprit pourtant tant recherchée au départ.

Déconstruire cet engrenage néfaste suppose d'explorer avec lucidité les traumatismes et carences à l'origine de ces angoisses profondes. Entreprendre une démarche de développement personnel pour identifier et panser ses blessures émotionnelles fondatrices apparaît comme un préalable indispensable pour renouer avec un équilibre sain.

Il s'agit également d'interroger ses véritables besoins et priorités de vie avec un recul philosophique salutaire. Quel niveau de confort réel est réellement suffisant pour s'épanouir pleinement au quotidien en toute quiétude, sans entretenir une illusion permanente de perpétuelle insatisfaction ? Une remise en perspective existentielle s'impose pour redonner la juste place à l'argent : un moyen, non une fin en soi.

Au final, si la motivation première d'accumulation de richesses relève d'un besoin légitime d'assurer sa sécurité matérielle, il convient de garder à l'esprit que la quête de sérénité ne saurait se résumer à l'unique rassemblement frénétique de biens et de capitaux. Trouver le juste équilibre entre prudence avisée et recherche raisonnée de l'essentiel représente le défi permanent d'un rapport apaisé à la dimension financière de notre existence.

3.2 - La quête de statut social et de reconnaissance

Aux origines psychologiques de l'accumulation de richesses, la quête de statut social et de reconnaissance occupe une place prépondérante. Au-delà de la recherche légitime de sécurité matérielle, ce puissant moteur d'enrichissement trouve ses racines dans notre profond besoin d'estime de soi et de valorisation aux yeux d'autrui.

Dans nos sociétés contemporaines où l'argent constitue l'un des principaux marqueurs de réussite, l'importance accordée à l'image renvoyée par son niveau de vie demeure prégnante. Posséder des biens de valeur, un patrimoine confortable et la capacité de dépenser sans compter deviennent les gages d'une inscription valorisée dans l'échelle sociale.

Cette représentation du prestige par la fortune tire ses origines de schémas mentaux profondément ancrés dans l'inconscient collectif depuis la nuit des temps. Déjà au cœur des sociétés antiques structurées en ordres, noblesse et bourgeoisie exhibaient leurs richesses comme signe ostentatoire de supériorité vis-à-vis du petit peuple. Une véritable marque de distinction sociale et de pouvoir.

Perpétuée de siècle en siècle, cette vision élitiste de la redistribution des richesses reste inscrite dans les gènes de nos cultures, alimentant chez nombre d'individus un désir intense d'intégrer ces cercles restreints et admirés. La soif d'appartenance au gratin, de reconnaissance officielle de son succès par son niveau de vie, anime bien des ambitions effrénées.

Si les valeurs sociétales ont évolué pour faire une place de choix à d'autres formes de statures comme les réussites intellectuelles, sportives ou artistiques, la consécration par l'argent conserve un poids symbolique majeur. Celui ou celle qui a "réussi" financièrement continue de jouir d'un prestige flatteur dans l'imaginaire collectif, entretenant un idéal tenace d'ascension par la constitution d'un patrimoine.

Bien souvent, cette quête de respectabilité matérielle prend racine dès l'enfance. Pour le jeune issu d'un milieu social modeste, la confrontation aux stigmates de la pauvreté et le spectacle des privilèges afférents aux classes aisées marquent profondément les esprits. L'impression tenace de déclassement social et de relégation nourrit immanquablement de puissants désirs de revanche, de reconnaissance et d'élévation de statut.

L'accumulation de richesses représente alors le vecteur d'émancipation d'une condition vécue comme humiliante et dévalorisante. Briller par l'opulence, écraser ses anciens "inférieurs" par son train de vie fastueux ou obtenir enfin le respect jadis refusé deviennent des objectifs psychologiques viscéraux à même de canaliser tous les efforts vers une prospérité sans limites.

Mais le besoin d'estime de soi et de distinction sociale par l'argent ne se limite pas aux cas spécifiques de revendication d'un meilleur statut. La volonté de rehausser son image personnelle et de s'affirmer dans un entre-soi valorisant constitue un moteur puissant dans tous les milieux, y compris pour les classes favorisées.

Afficher sa réussite financière à travers un train de vie opulent offre un formidable levier pour assouvir un narcissisme de façade. S'attacher l'admiration et l'envie des autres, obtenir ce regard déférent des moins bien lotis où rivaliser de démonstrations de supériorité avec ses pairs : autant de gratifications narcissiques fondamentales qui renforcent perpétuellement la pulsion d'accumulation ostentatoire.

Cependant, aussi fiévreuse et intense soit-elle, cette chasse au prestige par la richesse matérielle se révèle bien souvent illusoire et décevante. Au gré de l'ascension dans les strates socialement enviées, un sentiment récurrent d'insatisfaction finit par s'installer. Quel que soit son niveau de prospérité acquis, la comparaison permanente avec des individus toujours un peu plus riches alimente inlassablement une sourde frustration.

Cette incapacité à jamais vraiment se sentir arrivé dans le gratin absolu, avec le statut et la reconnaissance tant espérés, engendre un profond mal-être intérieur. Contrairement aux attentes de départ, l'argent peine à apporter le sentiment de valorisation et d'accomplissement personnel tant recherché.

En réalité, cette quête existentielle par l'accumulation de biens se heurte bien souvent à ses propres limites psychologiques. Le besoin d'estime de soi ne saurait se combler durablement par le simple fait de se voir reflété un rang social enviable aux yeux des autres. Passé l'euphorie initiale de la réussite financière, le vide intérieur ressurgit immanquablement si ce succès matériel ne s'accompagne pas d'un véritable travail sur son rapport à soi.

Apprendre à cultiver une réelle confiance en sa valeur intrinsèque, puiser sa force dans ses réalisations personnelles plutôt que dans l'amoncellement de richesses, semble dès lors représenter un préalable indispensable pour se défaire de ce piège illusoire.

Élever son niveau de conscience, effectuer un cheminement spirituel et s'affranchir des diktats de l'ego et du paraître deviennent les seules voies possibles pour transcender ce besoin viscéral de reconnaissance sociale par l'argent. Recadrer ses priorités existentielles, se départir des schémas mentaux hérités et se concentrer sur l'essentiel d'une vie non matérialiste s'impose comme la clé d'un véritable épanouissement intérieur durable.

Cette introspection salvatrice ne saurait néanmoins suffire à elle seule. Agir pour transformer en profondeur nos sociétés reste crucial afin de promouvoir de nouveaux modèles de reconnaissance valorisant davantage l'éthique, la sobriété et l'humilité. Redéfinir collectivement nos critères de réussite selon des idéaux altruistes et écologiques plus vertueux serait à même de libérer durablement l'humanité de ce cercle vicieux de l'accumulation sans fin.

3.3 - La recherche de liberté et d'indépendance

Posséder des richesses importantes n'est pas seulement un gage de sécurité matérielle ou une marque de prestige social. Pour de nombreux êtres humains animés par un profond désir d'émancipation, l'accumulation de capitaux représente avant tout la promesse d'accéder à une liberté et une indépendance totale, affranchies de toute forme de contrainte ou de domination extérieure.

Cette quête viscérale d'autonomie puise ses origines dans les tréfonds de la psyché humaine. Le besoin d'autodétermination, de pouvoir pleinement disposer de son existence selon ses propres choix et priorités, sans avoir à se soumettre à quelque autorité que ce soit, incarne une aspiration fondamentale des plus puissantes.

Pour certains individus marqués par un passé de rapports de soumission, d'oppression ou de privation de liberté, ce moteur psychologique prend une dimension d'autant plus prégnante. L'argent symbolise alors le sésame absolu pour enterrer définitivement ces traumatismes issus de situations d'impuissance.

Un sentiment de toute-puissance, d'être à l'origine de sa destinée et de ses moindres faits et gestes sans devoir désormais rendre de comptes à quiconque, innerve cette volonté d'affranchissement total. Que ce soit face à une autorité parentale étouffante, une situation professionnelle aliénante ou de profondes contraintes matérielles limitant leurs aspirations, s'émanciper de ces carcans étouffants devient l'objectif ultime de leur vie.

Le fantasme d'une vie en marge des diktats de la société traditionnelle nourrit dès lors bien des projets pour qui entrevoit dans les richesses le moyen de concrétiser ce rêve d'absolu dégagé de toute entrave. Pouvoir enfin se défaire de l'emprise des rythmes frénétiques et des obligations du monde du travail, la perspective de voyager sans limites ou de philosopher à loisir dans le farniente le plus total : autant de visions d'une utopie libertaire que l'aisance financière paraît en mesure de réaliser.

Mais au-delà de ces attentes les plus iconoclastes d'une vie marginale détachée des codes traditionnels, la liberté offerte par l'argent revêt avant tout un caractère pragmatique pour la plupart des gens. La possibilité de ne plus devoir s'astreindre à une vie de labeur forcé, de pouvoir choisir ses engagements professionnels en totale indépendance, sa ville ou son pays de résidence sans contrainte représente une forme suprême d'accomplissement.

Ne plus dépendre d'un employeur, se libérer du poids de la hiérarchie ou d'impératifs de rentabilité et se consacrer pleinement à ses passions les plus chères sans avoir à se soucier du lendemain : autant de perspectives enivrantes qui motivent jusqu'à l'abnégation la poursuite inlassable de cette liberté absolue.

Paradoxalement pourtant, l'expérience des plus grands fortunés ayant réussi à concrétiser cet idéal tant fantasmé met en lumière certains revers potentiellement douloureux. Cette "liberté" tant espérée engendre bien souvent un profond sentiment d'inanité et de vide existentiel chez de nombreux millionnaires en manque de réels nouveaux défis à relever.

Éprouvant soudain un désarroi difficilement acceptable après avoir tant sacrifié pour accéder à ce Graal, ils se retrouvent contraints de reconnaître avec amertume que la vraie liberté n'est pas seulement une question de moyens, mais également de fond. Il ne suffit pas d'être indépendant financièrement pour parvenir à se libérer entièrement des chaînes intérieures qui nous enchaînent : nos doutes, nos conditionnements et nos manques affectifs.

Pour bon nombre d'entre eux, l'obsession des richesses n'était alors qu'un leurre, une fuite en avant pour masquer leurs propres blocages et leur incapacité à exploiter pleinement le potentiel d'une vie sans contraintes extérieures. Prisonniers de leurs propres peurs, démons et schémas mentaux obsolètes, ils demeurent finalement captifs d'eux-mêmes, perpétuant de nouvelles formes d'asservissement au culte de l'argent.

Cette désillusion amère met en lumière la nécessité de bien clarifier ses motivations fondamentales avant de s'engager aveuglément sur les chemins hasardeux de l'accumulation de ressources. La richesse matérielle ne saurait constituer une fin en soi de façon à combler tous nos manques.

Elle ne représente au mieux qu'un moyen d'atteindre une forme de sérénité, sans garantie pour autant de trouver l'apaisement espéré. C'est avant tout un travail sur soi qui s'impose comme préalable indispensable pour identifier ses véritables aspirations, ses fuites et ses pièges psychologiques.

Seule cette introspection honnête et courageuse est à même de nous permettre de clarifier le type de liberté que nous recherchons réellement au plus profond de nous-mêmes. Quelle vie voulons-nous vivre dans le temps imparti qui nous est alloué sur cette terre ?

Quelles sont nos valeurs profondes, nos priorités et nos besoins véritables ?

Se défaire des représentations illusoires de la liberté forgée par la société de consommation apparaît comme une étape cruciale. Apprendre à distinguer la liberté véritable et authentique de ses mirages trompe-l'œil représente en définitive la meilleure des préparations préalables à toute quête sincère d'indépendance totale par l'acquisition de ressources.

Au final, puisque l'argent n'est qu'un moyen et non une fin, la recherche de liberté individuelle doit se doubler d'une réflexion sur le sens collectif que nous souhaitons imprimer à une éventuelle prospérité matérielle. L'utopie d'une communauté d'êtres humains souverains et épanouis ne saurait se réduire à un idéal nombriliste d'affranchissement des seuls carcans matériels.

La liberté absolue implique également d'agir pour libérer nos semblables de toutes les formes d'oppressions et d'aliénations, qu'elles soient financières, sociales ou psychologiques. Travailler au développement d'une humanité réconciliée avec elle-même et en paix avec les autres règnes de la nature représente l'horizon d'accomplissement vers lequel devraient tendre toutes nos énergies libérées par l'aisance matérielle.

3.4 - Les motivations inconscientes qui nous poussent à accumuler de l'argent

Au-delà des motivations conscientes et rationnelles qui jalonnent la quête d'enrichissement, telles que la recherche de sécurité, de statut social ou d'indépendance, d'autres forces psychologiques plus obscures, ancrées dans les tréfonds insondables de notre inconscient, exercent une influence déterminante. Ces motivations profondes, dissimulées sous d'apparentes justifications pragmatiques, participent à entretenir de façon compulsive notre avidité pour l'argent et les possessions matérielles.

L'une des clés pour analyser ces ressorts psychologiques enfouis gît dans l'exploration de notre prime enfance, ce terreau fertile d'où émergent bon nombre de nos schémas mentaux et comportementaux à l'âge adulte. Les carences, traumatismes et manques affectifs subis à cette période décisive de construction identitaire laissent des traces indélébiles dans notre inconscient.

Pour l'enfant élevé au sein d'un milieu défavorisé où la précarité constituait le quotidien, le manque cruel de considération et de valorisation parentale marque durablement les esprits. Privé du regard aimant indispensable à l'édification d'une solide estime de soi, un profond sentiment d'insécurité intérieure s'installe.

Cette blessure narcissique originelle enracine la conviction de ne jamais être assez digne d'amour, quoi que l'on fasse par la suite. L'accumulation frénétique de biens et de richesses à l'âge adulte vise alors inconsciemment à compenser ce vide existentiel en acquérant l'aura valorisante conférée socialement par l'opulence. Se faire aimer et admirer par son train de vie conspicueux devient le substitut fallacieux d'un manque d'amour primordial inguérissable.

À l'inverse, de nombreux individus issus de milieux favorisés où tout était prodigué sans réel amour parental sincère subissent un autre type de traumatisme également lourd de conséquences. Cette enfance choyée matériellement mais dénuée d'attention véritable engendre une peur inconsciente typique du manque et de l'abandon.

La constitution d'un patrimoine prend alors une dimension sécuritaire anxiogène, la crainte sourde de se retrouver dépossédé de l'aisance matérielle dont on a toujours bénéficié hantant l'esprit. Cette posture défensive vise à lutter contre le spectre d'une forme de rejet parental ressenti dans ce déni d'affection véritable malgré l'abondance des biens offerts.

D'autres traumatismes infantiles d'ordre psychologique peuvent par ailleurs alimenter une quête névrotique de richesses. Les enfants issus de familles où prévalaient carences éducatives, violences ou instabilité affective sans répit éprouvent un besoin pathologique de contrôle pour se prémunir de telles souffrances.

La constitution d'un patrimoine, gage de sécurité mais surtout de puissance, s'avère alors l'unique garantie de ne plus jamais avoir à subir un environnement familial délétère. Décider seul de ses choix de vie, devenir responsable de son propre destin sans plus avoir à craindre la domination d'autrui constitue une motivation psychologique primordiale.

Le versant le plus sombre des pulsions inconscientes peut également concourir à cette soif ardente de prospérité matérielle et de domination par la richesse. Il n'est pas rare que des personnalités présentant des tendances psychopathiques ou de graves troubles narcissiques mènent une existence entièrement dévouée au culte de l'argent et du pouvoir.

Pour ces profils déviants poussés à l'extrême, la quête d'accumulation illimitée de capitaux n'est motivée par aucune réelle considération de besoin ou de sécurité. Elle constitue une fin en soi alimentée par un désir irrépressible de puissance absolue, de contrôle et d'asservissement des autres. Un jeu sans fin où l'argent représente la mesure de la supériorité et la preuve d'une forme de toute-puissance.

Face à ces ressorts psychologiques complexes et polymorphes qui sous-tendent le lien trouble entre l'être humain et l'argent, la capacité d'introspection et de remise en question représente un outil salvateur. Prendre conscience de nos propres mécanismes intérieurs, identifier nos fuites existentielles et nos traumatismes enfouis permet de lever le voile sur nos véritables manques et besoins.

Ce cheminement de développement personnel, souvent initié dans un cadre thérapeutique adapté, s'impose comme une démarche essentielle pour renouer avec un rapport plus sain et apaisé à la richesse matérielle. En acceptant de panser nos blessures enfouies plutôt que de les masquer indéfiniment par l'accumulation, nous désamorçons le piège de la dépendance névrotique au fétichisme de l'argent.

Apprendre à cultiver l'estime de soi par d'autres canaux plus vertueux, comme la reconnaissance de sa valeur intrinsèque d'être humain, permet de se défaire progressivement de la tyrannie du paraître et de l'avidité. Le travail sur nos schémas mentaux et la déconstruction de nos croyances limitantes libère d'un poids immense.

Néanmoins, aussi indispensable et salvatrice soit-elle, cette démarche personnelle ne saurait suffire à elle seule à guérir le mal des sociétés contemporaines dans leur ensemble. À l'échelle collective, certains ressorts pernicieux maintiennent inlassablement les esprits sous l'emprise de l'idéologie matérialiste de la réussite.

Les systèmes économiques actuels, consuméristes et basés sur la croissance illimitée, perpétuent des modèles culturels où l'affirmation de sa valeur sociale passe presque exclusivement par l'exhibition de son patrimoine. Une forme d'aliénation identitaire massive difficile à transcender individuellement.

Le défi de l'humanité pour évoluer vers un nouvel âge de sagesse réside donc dans la refondation de nos représentations collectives et la promotion de nouveaux critères d'accomplissement. En redéfinissant nos paradigmes de développement et d'épanouissement selon des principes d'équilibre écologique et de partage altruiste, il deviendrait possible de libérer durablement l'esprit des hommes des addictions toxiques à l'argent.

3.5 - Les motivations altruistes et philanthropiques

Si l'appât du gain personnel alimente bien souvent la quête effrénée de richesses, il serait néanmoins réducteur de n'attribuer qu'à l'égoisme et aux pulsions égocentrées les motivations profondes de ceux qui ouvrent la voie à la prospérité. Pour de nombreux entrepreneurs visionnaires, capitalistes ou simplement travailleurs acharnés, la réussite financière puise également ses racines dans une véritable soif de contribuer à l'amélioration du monde et au progrès de l'humanité.

Loin des considérations strictement personnelles de confort matériel ou de prestige, ces pionniers animés par un idéal altruiste sincère recherchent avant tout à mettre leurs talents et leurs énergies au service de causes qui les dépassent. Que ce soit par la création d'emplois, le développement d'innovations technologiques majeures ou la pratique systématique de la philanthropie, leur prospérité vise à engendrer des retombées bénéfiques pour toute la société.

Au cœur de ces aspirations généreuses réside une profonde empathie, une véritable capacité à se décentrer et à ressentir avec compassion la souffrance d'autrui. Durablement marqués par le spectacle des injustices, des privations et des drames humains qui sévissent à travers le monde, ils sont littéralement taraudés par le besoin impérieux d'agir pour améliorer le sort de leurs semblables.

Nombre d'entre eux puisent d'ailleurs cette fibre humaniste dans un héritage familial et un environnement éducatif empreint de valeurs morales comme l'entraide, la solidarité et le sens du devoir envers les plus démunis. Elevés dans le respect du principe d'unité du genre humain, ils ressentent une injonction viscérale à venir en aide et secourir ceux qui peinent à survivre.

Mais au-delà de ce socle éthique fondamental, la volonté d'œuvrer à l'avènement d'un monde meilleur s'enracine également dans une conception philosophique particulière du progrès humain. Portés par une vision avant-gardiste et optimiste de la capacité de l'humanité à se transcender toujours plus, ces visionnaires philanthropes cheminent avec l'intime conviction d'être des acteurs à part entière de cette marche du progrès.

Persuadés que seuls l'innovation, l'esprit d'entreprise et la réussite économique sont à même de nourrir le progrès technique et social, ils poursuivent sans relâche le rêve d'une humanité réconciliée avec elle-même. S'enrichir pour mieux diffuser de nouveaux savoirs au service du bien commun, développer des technologies de rupture capables de résoudre les défis majeurs de l'espèce humaine ou financer à grande échelle des projets caritatifs et humanitaires d'envergure : telles sont les motivations profondes qui les animent.

Pour eux, viser l'opulence s'inscrit dans un plan d'ensemble cohérent visant à faire advenir une nouvelle ère de paix, de justice et de prospérité partagée pour toute la famille humaine. Libérer les peuples de la misère, de la faim et des maladies mais également les affranchir de l'ignorance et des carcans idéologiques obscurantistes représentent leurs combats ultimes.

À cette aune, les plus grands capitaines d'industrie, entrepreneurs et mécènes placent leur labeur autant sous le signe de l'émancipation individuelle que collective. À leur échelle, ils aspirent non seulement à jouir des bienfaits de leur enrichissement personnel mais aussi à faire bénéficier leurs réussites à la Cité tout entière.

Générer de la croissance certes, mais dans le but d'en redistribuer équitablement les fruits à toutes les composantes de la société. À ce jour, et malgré bien des critiques récurrentes sur leurs résultats contrastés, les milliardaires les plus emblématiques n'ont d'autre leitmotiv que de transmettre leurs acquis financiers sous forme d'investissements massifs en faveur du développement durable, de l'éducation ou de la recherche médicale.

Ces grands mouvements de philanthropie trouvent toutefois leurs limites dans les apparents paradoxes et incohérences révélés par certains comportements de ces oligarques magnanimement généreux. À bien des égards en effet, nombre d'entre eux semblent davantage mus par le désir d'inscrire durablement leur empreinte et leur nom dans l'Histoire que par un réel esprit de don et de partage désintéressé.

Critiqués pour l'exploitation sans vergogne de leurs salariés ou les exils fiscaux outranciers pratiqués à l'abri des paradis fiscaux, certains apparaissent bien plus soucieux de préserver leur propre puissance économique que d'œuvrer véritablement au progrès social. Leurs largesses philanthropiques sont alors décryptées comme une simple stratégie de communication visant à redorer leur blason d'homme providentiel.

Au-delà des élans les plus sincères et désintéressés, il ne fait guère de doute que la perspective d'assouvir un narcissisme surdimensionné et de s'ériger en sauveur de l'humanité nourrit également les ambitions de nombreux entrepreneurs milliardaires. La tentation de demeurer dans les mémoires comme le grand bienfaiteur de l'espèce humaine, érigé au rang de héros, constitue une puissante source de motivation souvent inconsciente.

Un tel appétit de grandeur démesuré ne saurait toutefois ternir les progrès incontestables permis par la philanthropie des plus grandes fortunes. Une prochaine ère de révolutions technologiques décisives pour l'humanité semble se profiler, initiée et financée par ces immenses patrimoines privés en quête d'un nouveau destin pour l'humanité.

Mais à bien des égards, le principal défi pourrait bien résider dans la capacité de ces nouvelles générations de milliardaires à se départir de l'avidité nombriliste caractéristique des siècles passés. Pour que les efforts sans précédent entrepris de nos jours parviennent à porter véritablement leurs fruits, la sincérité et l'humilité devront nécessairement inspirer leurs actions autant que leurs paroles.

Dans nos sociétés modernes capitalistes où la possession de biens matériels est érigée en norme, la consommation effrénée est devenue un véritable piège pour de nombreux individus. Sous l'influence conjuguée d'une puissante propagande marketing et de pressions sociales insidieuses, les comportements consuméristes nuisibles à notre équilibre personnel se sont institutionnalisés à grande échelle.

L'une des premières sources de cet attrait irrépressible pour l'acquisition compulsive réside dans le culte du superflu savamment entretenu par les industries. Loin de se focaliser sur les simples besoins primaires des êtres humains, le système économique contemporain repose essentiellement sur la création permanente de nouveaux désirs artificiels.

À travers des techniques publicitaires d'une redoutable efficacité, les marques et entreprises surinvestissent dans la promotion de pseudo-indispensables toujours plus renouvelés. De la dernière mode vestimentaire au gadget technologique dernier cri en passant par l'équipement domotique intelligente, l'objectif demeure unique : convaincre les consommateurs qu'ils ne sauraient s'épanouir pleinement sans ces produits.

Cette propension à l'obsolescence perpétuelle, autant morale que matérielle, se double en parallèle d'un phénomène de manipulation psychologique extrêmement insidieux. L'appel incessant à l'émotion, aux désirs de reconnaissance sociale et aux pulsions identitaires les plus profondes se substitue à la réelle utilité des objets proposés à l'achat. Posséder les bonnes marques, suivre les tendances et afficher les signes extérieurs de prospérité et de réussite sociale devient la nouvelle norme incontournable.

Dans un tel environnement, la tentation est grande de céder aux sirènes de la surconsommation déraisonnée, oubliant la fragilité de l'équation simpliste "Acheter = Être heureux". Par un glissement psychologique inconscient, nombre d'individus associent l'accès au bonheur à la possession de ces biens standards diffusés comme indispensables par la société de consommation.

Malheureusement, outre les évidentes dérives écologiques et économiques engendrées par cette frénésie dépensière, le piège majeur consiste en un profond sentiment de manque et d'insatisfaction chronique. En n'étant jamais réellement comblé malgré l'accumulation de possessions toujours renouvelées, le consommateur invétéré se retrouve prisonnier d'une boucle sans fin.

Le constat demeure implacable : aucun bien de consommation ne saurait apporter un réel épanouissement sur le long terme car la satisfaction ressentie est éphémère et appelle inlassablement de nouveaux achats pour la renouveler. Au contraire, plus l'engrenage consumériste s'enraye, plus les frustrations et la vacuité existentielle s'intensifient, entraînant une forme de dépendance compulsive inquiétante.

Un autre piège majeur de la société de consommation tient à la pression sociale exercée par le culte de l'apparence et de l'entre-soi communautaire. Arborer des signes ostentatoires de richesse et de réussite conformes à la norme du groupe représente un passage obligé pour acquérir le statut social tant convoité.

Au sein de certains cercles favorisés, l'élitisme affiché et le consumérisme ostentatoire participent d'un mécanisme d'exclusion tacite. Seules les personnes en mesure de souscrire aux codes vestimentaires, résidentiels ou statutaires prédéfinis sont considérées dignes d'appartenance aux sphères les plus prestigieuses. Une forme de chantage à l'intégration implicite des plus pernicieuses.

Pour ces individus désireux d'accéder à ces cercles très fermés ou d'y conserver leur place, l'achat de biens dénotant une certaine classe sociale s'apparente à un véritable passage obligé. Les voitures de luxe, les résidences cossues ou les vêtements griffés ne deviennent alors plus de simples accessoires mais bien les gages indispensables de l'appartenance revendiquée.

A contrario, ne pas disposer de ces marqueurs de réussite apparente suffit à vous exclure inexorablement des sphères privilégiées visées. Un terrible cercle vicieux où la dépense ostentatoire demeure le prix à payer pour exister socialement aux yeux des autres.

Enfin, à l'heure où le culte du paraître atteint son paroxysme sur les réseaux sociaux, le piège de la course effrénée à l'image idéalisée de soi représente probablement le travers consumériste le plus délétère. Sous l'influence pernicieuse de ces nouveaux canaux d'exposition narcissique, nombre de personnes désabusées se sont engouffrées dans une quête sans fin de reconnaissance là où elle n'a que peu de sens véritable.

En exacerbant les pires instincts de jalousie sociale et d'assouvissement de désirs futiles, ces plates-formes ont contribué à alimenter un déni des réalités profondes de l'existence humaine. Toute l'énergie et les ressources sont désormais drainées vers la construction d'une fiction virtuelle dans laquelle le sujet projette une image de perfection trompeuse.

L'illusion de la vie idyllique jalonnée de voyages, de réjouissances et d'acquisition de biens toujours plus luxueux devient le seul critère de validation sociale retenu sur ces écrans. Une forme d'aliénation supplémentaire qui conduit à une escalade consumériste sans fin, chaque bien acquis n'étant destiné qu'à alimenter un feed instagram destiné à séduire des audiences de plus en plus exigeantes en termes de "goals" à atteindre.

Se défaire des multiples pièges de la société de consommation représente à l'évidence un défi majeur dans un monde saturé de sollicitations commerciales propagées par des stratégies d'influence et de manipulation particulièrement insidieuses. Résister aux injonctions répétées à acheter toujours davantage de biens superflus requiert un réel travail d'introspection et de remise en cause de nos véritables priorités. Apprendre à distinguer nos besoins authentiques des désirs induits s'avère indispensable si l'on aspire à sortir de la spirale infernale du consumérisme.

4.1 - La publicité et la manipulation des désirs

Véritable cœur battant du système de la société de consommation, l'industrie publicitaire concentre à elle seule l'essentiel des pouvoirs de manipulation des désirs et d'incitation insidieuse à l'acte d'achat.

Loin de se cantonner à un simple rôle informatif, les campagnes marketing déployées à grande échelle par les marques et entreprises constituent de véritables armes de séduction massive redoutablement efficaces.

Derrière les discours apparemment anodins vantant les mérites des produits proposés, se cachent en réalité de subtiles stratégies de conditionnement psychologique soigneusement élaborées. Par une association habile d'images, de symboles et de messages subliminaux, le consommateur se retrouve inconsciemment amené à créer un lien émotionnel puissant avec l'objet de convoitise.

Au cœur de ces mécanismes pernicieux réside un travail approfondi mené sur l'inconscient collectif par des experts en sciences comportementales. Analyser les ressorts psychologiques profonds qui amènent les individus à désirer inconsidérément certains objets permet de créer les stimuli visuels, sonores ou rhétoriques adéquats pour déclencher cette pulsion irrationnelle de possession.

Les fantasmes, frustrations et failles de chacun sont ainsi méticuleusement recensés puis exploités au moyen de symboles, codes et archétypes savamment distillés. L'industrie fait appel aux meilleurs créatifs, anthropologues ou neuropsychologues pour concevoir ces récits enchanteurs qui transcendent la réalité. Un univers féérique de promesses et de rêves éveillés propre à chacun se dessine et devient la scène idyllique dans laquelle le produit s'insère à la perfection.

Acquérir ledit objet relève alors presque de l'expérience initiatique tant son pouvoir démiurgique est magnifié. Non seulement celui-ci vous rendra plus beau, séduisant et admiré mais en plus vous accèderez naturellement au cercle très fermé des personnes accomplies dont vous rêvez d'intégrer le cercle. Une sorte de porte ouverte sur un nouveau monde qui vous était jusqu'alors interdit.

Un téléphone dernier cri, un parfum ou même une simple paire de chaussures sont ainsi sublimés en des artefacts de pouvoir, gages d'intégration immédiats aux communautés de l'élite et de la prospérité. L'acte d'achat anecdotique se mue en un parcours initiatique vers l'élévation de son être à un stade supérieur d'existence.

Mais le véritable génie des grandes campagnes promotionnelles consiste surtout à déclencher inconsciemment le terrible mécanisme de la "Jalousie des autres" et du mimétisme comportemental. En affichant des modèles de réussite archétypaux rayonnant de bonheur et d'épanouissement grâce aux produits vantés, le public cible se retrouve simplement enclin à vouloir elle aussi jouir d'une félicité similaire.

Le besoin primaire de reconnaissance sociale et d'appartenance se trouve habilement attisé en confrontant sans cesse les spectateurs à ces représentations fantasmées de personnes idéales comblées et admirées. Posséder les mêmes biens que ces figures d'identification valorisantes deviennent dès lors un passage obligé pour aspirer à la même plénitude apparente.

Une fois ce désir formaté, les barrières psychologiques cèdent une à une pour céder à la frénésie acheteuse. L'angoisse du déclassement et de l'exclusion du groupe de référence légitime toutes les extravagances consuméristes. Un phénomène de mimétisme collectif s'enclenche alors, chacun se ruant sur les mêmes produits que les autres pour espérer enfin faire partie des élus disposant du sésame de la reconnaissance sociale.

Dans cette optique de manipulation des pulsions grégaires, la création de faux besoins identitaires et l'appel aux instincts communautaristes les plus vils offre un terreau extrêmement fertile. En attisant les appartenances ethniques, générationnelles, sociales ou de genre, la promotion commerciale gagne en force de persuasion décuplée.

Un produit spécifique devient le symbole d'une appartenance affirmée à un cercle bien distinct. Consommer ledit symbole représente alors le passage initiatique indispensable pour asseoir définitivement sa crédibilité de membre accepté au sein de la communauté valorisante. Un phénomène de dépendance émotionnelle au produit s'installe, entretenant indéfiniment la soumission aveugle aux codes consuméristes de la corporation.

De surcroît, la véritable magie noire publicitaire s'opère lorsque ces campagnes agissent sur un registre encore plus viscéral en conditionnant les esprits aux simples principes de plaisir immédiat et d'incitations à la consommation débridée. Courtiser goulûment le désir primaire par une imagerie hyper sexualisée, un appel constant aux pulsions cérébrales du "vouloir" ou une abondance criarde de stimuli visuels aguicheurs s'avère extrêmement efficace.

Dans ce grand n'importe quoi sensoriel où la distinction consciente s'efface, l'acte d'achat apparaît comme la seule délivrance possible pour satisfaire les besoins corporels les plus bruts. Dans ces séquences orgiaques de produits désirables exhibés, le consommateur atteint un stade second de transe consumériste dans lequel son libre-arbitre rationnel est comme annihilé.

La raison mise sous l'éteignoir par l'assaut de ces émotions agressives, l'achat compulsif devient l'unique moyen d'apaiser une convoitise muée en une réelle souffrance physique et mentale. Telle est la véritable alchimie noire à l'œuvre derrière les campagnes publicitaires les plus impudiques : muer la manipulation du désir en une dépendance émotionnelle et physiologique totale au produit.

Rares sont les personnes suffisamment lucides pour résister et rompre ce cercle vicieux de la dictature du désir entretenu par les marchands de la société de consommation. Plus qu'un ferment commercial, leurs stratégies marketing relèvent d'une véritable entreprise de contrôle et d'asservissement des masses consuméristes.

Seul un profond travail d'introspection, de méditation et de distanciation avec l'environnement toxique ambiant permet d'initier une salvatrice lente déconstruction de ces pulsions irrationnelles créées de toutes pièces. Apprendre à les identifier, les analyser pour ensuite méthodiquement les transcender demeure le plus sûr chemin vers la libération de ces chaînes comportementales aliénantes.

4.2 - L'effet de "l'herbe plus verte" et la comparaison sociale

Au cœur des travers comportementaux et réflexes émotionnels les plus dévastateurs liés à la surconsommation se trouve le phénomène pernicieux de "l'herbe plus verte". Plus connu sous le nom de "biais de comparaison descendante", cet effet psychologique insidieux consiste à toujours envier la situation apparemment plus enviable dans laquelle semblent se trouver les autres.

Où que nous portions notre regard, nous sommes en permanence confrontés à des individus disposant de biens matériels supérieurs aux nôtres. Et ce, quel que soit notre niveau de prospérité ou d'aisance financière. Du simple voisin arborant la dernière berline de luxe à la célébrité roulant des millions, la comparaison sociale nous conduit immanquablement à considérer notre sort moindre que celui des références valorisantes de notre entourage.

Les ressorts psychologiques d'un tel phénomène trouvent leurs origines dans les mécanismes les plus primitifs de la psyché humaine. Régis par nos instincts grégaires et un besoin viscéral de reconnaissance, nous passons notre existence à jauger sans cesse notre statut au sein de la hiérarchie sociale du groupe auquel nous appartenons.

Qu'il soit motivé par un désir d'appartenance ou de domination sur nos pairs, mesurer en permanence notre degré de supériorité ou d'infériorité face aux autres s'inscrivent au plus profond de notre inconscient. Et toute lecture d'un décalage entre notre situation et celle d'un individu de référence engendre automatiquement un sentiment de frustration et de jalousie corrosif.

Dans un monde régi par les préceptes du capitalisme libéral, l'accumulation ostentatoire de biens constitue le critère premier pour étalonner notre rang et notre degré de réussite personnelle. Malheureusement, s'ensuit une surenchère perpétuelle où chacun cherche à acquérir plus et mieux que le voisin dans une course effrénée à la supériorité dépensière.

Voitures de luxe, manoirs, bijoux, garde-robe griffée, aucun signe extérieur de richesse n'est épargné dans cette course folle à l'exhibition statutaire. Le seul objectif demeure de faire continuellement mieux que les autres, de les surpasser devant les membres de notre communauté afin qu'ils nous admirent et nous reconnaissent comme leur égal ou même leur supérieur.

Comme un cycle sans fin, dès lors que l'on parvient à se hisser un échelon au-dessus dans l'échelle sociale, une autre référence jalousée plus haut nous nargue aussitôt. Et un nouveau cycle de frustration et d'efforts consuméristes redouble inlassablement pour niveler vers le haut.

Malheureusement, les conséquences psychologiques d'une telle course à l'échalote peuvent se révéler dévastatrices à terme. Outre les dérives dangereuses liées au surendettement, l'incapacité à jamais se sentir satisfait engendre d'inexorables souffrances mentales. Angoisse, stress, perte de l'estime de soi, dépression, aucun travers n'est épargné face au constat récurrent d'être dominé par nos modèles.

Dans les cas les plus pathologiques, la comparaison sociale malsaine peut même mener à des drames humains lorsque la haine de soi et le déni deviennent les seuls moyens de surmonter l'insoutenable observation d'une réussite extérieure supérieure. Un cercle vicieux périlleux d'autoflagellation et de rancœur envers la société se forme alors, n'appelant que davantage de comportements déviants ou autodestructeurs.

À une plus grande échelle, c'est l'équilibre sociétal tout entier qui se trouve menacé par les dérives de la comparaison sociale et de "l'herbe plus verte". En opposant constamment les individus dans une vaine surenchère de signes extérieurs de prospérité, les fossés se creusent entre les classes au sein de la population.

D'un côté, les privilégiés se complaisent dans leur confort matériel et leur entre-soi ostentatoire, de l'autre les laissés-pour-compte s'enfoncent dans le ressentiment et la violence envers ces nantis arrogants et insouciants. Dans cette fracture sociale croissante, la cohésion républicaine et la paix civile vacillent dangereusement.

Sortir de cet engrenage pervers de la comparaison sociale et de la course à la supériorité statutaire requiert avant toute chose un profond travail sur soi. Un nécessaire cheminement initiatique d'introspection, d'acceptation de ce que nous sommes et de redéfinition de nos propres critères de l'accomplissement personnel en dehors des tristes standards matérialistes.

Se défaire des jugements extérieurs toxiques et du poison des apparences représente la clé pour renouer avec une véritable sagesse intérieure et un sens des priorités conformes à nos valeurs essentielles. Apprendre à nous émerveiller des simples joies de l'existence et des richesses immatérielles nous ouvre la voie vers une vie plus pleine et sereine.

Au lieu de consacrer nos forces à tenter indéfiniment de surpasser nos pairs dans une course à la prospérité dépourvue de sens, il s'agit bien mieux de les investir dans l'approfondissement de nos rapports humains véritables. Se concentrer sur la consolidation de nos liens affectifs, sur le partage d'expériences existentielles nobles et sur le déploiement d'une forme d'intelligence émotionnelle apaisée représente la plus sûre voie pour accéder au bonheur authentique.

En renonçant à cet attrait viscéral pour les futilités statutaires et en recentrant nos priorités sur la recherche de biens spirituels comme l'empathie, la créativité ou la sagesse collective, l'espèce humaine se hissera certainement au rang qui doit être le sien. Celui d'une communauté de pensée libre et progressiste, débarrassée des vils réflexes de domination égoïste par l'argent et affranchie des carcans mortifères du consumérisme.

4.3 - L'achat impulsif et la satisfaction immédiate

Parmi les nombreux travers comportementaux induits par la société de consommation, l'achat impulsif et la quête effrénée de satisfaction immédiate représentent sans conteste l'une des dérives les plus sournoisement délétères. Loin de répondre à un quelconque besoin légitime, ce type de transactions relève en réalité d'une véritable dépendance au "vouloir" irrationnel porté à son paroxysme.

Les racines profondes d'un tel mécanisme psychologique puisent leurs origines dans les ressorts primitifs les plus enfouis de la psyché humaine. Notre cerveau limbique, autrement appelé cerveau de la récompense, se trouve en effet constamment alimenté par la société moderne en une multitude de stimuli dopaminergiques déclencheurs de sensations hédonistes.

Qu'il s'agisse d'images subliminales de bonheur insouciant dans les publicités, de la déferlante des vidéos avilissantes sur les réseaux sociaux ou encore de l'avalanche de suggestions virtuelles personnalisées, chacune de nos activités numériques devient un festival de gratifications visuelles immédiates. Des pics de dopamine hautement addictifs sont ainsi déversés dans notre circuit de récompense à un rythme effréné.

Dans un tel environnement sursaturé en hormones du désir créées de toute pièce, nos facultés d'autocontrôle se retrouvent considérablement fragilisées. Le système de décision rationnel propre au cortex préfrontal se voit en grande partie court-circuité par l'afflux de ces décharges neuronales jouissives. Une dangereuse impulsivité prend alors le dessus et devient le moteur principal de nos décisions consuméristes.

Les grands groupes commerciaux ont d'ailleurs parfaitement intégré ces leviers neuropsychologiques dans leur stratégie marketing. L'objectif ne consiste plus simplement à promouvoir une offre attrayante mais bien à créer un état de tension, de désir fébrile chez le client pour qu'il cède à l'achat compulsif.

Par une avalanche insistante de stimuli visuels séduisants, ces spécialistes de la manipulation parviennent à déclencher un véritable état d'excitation quasi frénétique chez le public visé. Cette mise en condition savamment orchestrée conduit le consommateur à perdre toute mesure rationnelle pour céder à la gratification immédiate de ses pulsions d'achat.

Dans les cas les plus pathologiques, les comportements addictifs prennent une tournure inquiétante où chaque nouvelle acquisition ne fait que créer le besoin d'un nouvel apport immédiat par manque de dopamine. Le sujet se retrouve alors pris dans une véritable spirale consumériste sans fin, constamment insatisfait et enhardi à poursuivre ses excès.

Outre les dérives financières évidentes sur le long terme, cette forme d'aliénation représente un terrible facteur de vide existentiel sur le plan psychique. En étant dans l'incapacité de résister à la gratification immédiate des pulsions d'appropriation les plus viles, le sujet finit par perdre le sens des véritables priorités.

Son échelle de valeurs se retrouve entièrement pervertie au seul profit de la satisfaction immédiate d'envies futiles sans véritable substance. Le matérialisme forcené supplante inexorablement tout le reste, anéantissant peu à peu les derniers élans de transcendance ou de soif d'accomplissement personnel par des voies plus nobles.

Cette quête éperdue du bonheur instantané par la possession ne fait que creuser un vide béant dans le cœur et l'âme de l'individu. Une souffrance intérieure latente prend racine, portée par le sentiment désespéré de n'être qu'un pantin manipulé par ses propres travers. Privé de sa faculté de faire des choix pleinement assumés, le sujet perd toute forme de maturité émotionnelle et d'estime de soi.

Un autre écueil funeste de l'achat compulsif et de la soif de gratification immédiate tient à la lente déstructuration des cadres qui faisaient autrefois la stabilité de la vie en société. En effet, dans cette hubris frénétique d'appropriation sans cesse renouvelée, les anciens archétypes rassurants de la famille traditionnelle ou des communautés de vie ont été démantelés.

Le foyer, jadis sanctuaire de paix et d'épanouissement personnel s'est peu à peu muté en simple espace de consommation impersonnelle. Le lien humain s'est distendu, remplacé par une forme de chacun pour soi dans la course à l'accumulation de biens périssables où seuls comptent le paraître et la jouissance éphémère du moment présent.

Dans ce maelström de divertissements artificiels et d'appropriations sans cesse renouvelées, la construction progressive d'une société stable et solidaire est impossible. La transmission des valeurs essentielles d'une génération à l'autre se brise dans ces liens consuméristes qui ne jurent que par l'immédiateté et le culte de l'individualisme effréné.

Enfin, à l'échelle planétaire, ce cercle vicieux de la surconsommation impulsive menace jusqu'à l'équilibre environnemental de la Terre. En alimentant un système productiviste dévastateur pour l'écosystème, ces travers ont contribué à fragiliser dangereusement les ressources naturelles pour les siècles à venir.

L'addiction aveugle aux énergies fossiles et à l'exploitation éhontée des matières premières n'a pour seule fin que d'entretenir indéfiniment la création de biens éphémères voués à susciter toujours plus de nouveaux désirs idiots. Une véritable folie destructrice basée sur la négation de toute forme de conscience environnementale et de sens des responsabilités écologiques.

Se défaire des griffes de l'impulsivité acheteuse et de ce mirage consumériste mortifère requiert avant toute chose un sursaut intérieur vers la sagesse et l'équilibre. Accepter de prendre le contre-pied des violentes injonctions publicitaires et des sirènes du bonheur immédiat représente le préalable indispensable à toute forme de liberté et d'émancipation durable.

Seul un rapport plus apaisé à la possession matérielle, une redéfinition de ce que représente le véritable épanouissement et un indispensable travail d'introspection sur nos aspirations les plus nobles pourront nous permettre de retrouver notre pleine dignité ontologique d'être humain. De cette décision cruciale dépend l'avenir de notre espèce et sa capacité à s'extraire des pièges morbides de la société de consommation.

4.4 - Le lien entre consommation et bonheur : une illusion transitoire

Soigneusement entretenu par les grands acteurs de l'industrie depuis plusieurs décennies, le mythe d'un lien indéfectible entre consommation et bonheur représente sans conteste l'une des plus grandes mystifications de la société moderne. En suscitant allègrement une croyance populaire selon laquelle l'acquisition de biens serait gage d'épanouissement, les marchands ont réussi à s'ériger en nouveaux démiurges providentiels du bien-être.

Derrière les discours mirobolants et les injonctions incessantes à "s'offrir du bonheur", la réalité s'avère pourtant bien plus terne. Loin de nous apporter la félicité tant promise, notre consommation frénétique ne fait qu'engendrer une succession d'illusions de plénitude aussi éphémères qu'artificielles. La fièvre passagère et la liesse immédiate retombées, ne subsiste alors qu'un vide existentiel plus lancinant encore.

Au cœur de cette vaste tromperie orchestrée se loge en réalité une impitoyable stratégie psychologique d'asservissement du désir perpétuel. Exploitant les plus vils travers de l'esprit humain comme l'avidité, la cupidité ou l'envie, les marchands nous conditionnent à une perpétuelle insatisfaction par un savant procédé de frustrations renouvelées.

À peine la jouissance éphémère d'une acquisition récente s'est-elle dissipée qu'une nouvelle forme de désir est immédiatement attisée par une campagne promotionnelle alléchante. Un nouveau cycle infernal de frustration, de désir fébrile puis d'achat compulsif se met en branle dès lors, alimentant un cercle vicieux sans fin de consommation frénétique.

Tels des moutons dociles, nous nous laissons docilement entraîner dans cette ronde effrénée sans jamais accéder à la félicité promise, constamment habités par ce sentiment lancinant d'un vide intérieur toujours plus béant. La foi aveugle en la rédemption par l'objet de consommation occulte notre conscience de l'impasse déprimante de ce mirage commercial.

À la racine de ce douloureux engrenage se trouve un sévère malentendu anthropologique entretenu soigneusement par les instigateurs de l'idéologie consumériste, à savoir une profonde erreur sur la réelle nature du bonheur humain. Loin d'être assimilable à un superficiel état contemplatif atteint par la possession matérielle, ce dernier représente en réalité un long cheminement spirituel parsemé d'introspections, de remises en question et d'évolution personnelle sur des décennies.

Ce n'est qu'à l'issue de ce lent travail de maturation émotionnelle et d'enrichissement personnel sincère que peut poindre une forme de sérénité intérieure et d'accès aux stades les plus avancés de l'accomplissement existentiel. Une quête de sens portée par des valeurs humanistes, une grande force de caractère et un lâcher prise des illusions trompeuses du monde matériel.

Or le bonheur virtuel artificiellement recréé par le prisme du consumérisme n'est qu'une grossière et éphémère contrefaçon de ce parcours initiatique. Une simple succession de courts instants égoïstes et creux où l'être se complait dans la suffisance puérile d'avoir temporairement assouvi ses caprices par un achat irréfléchi.

Une fois l'objet acquis, la sensation grisante d'avoir en notre possession ce que nous désirions avec tant de passion retombe aussi vite qu'elle est montée. Brusque désillusion qui laisse un goût amer d'insatisfaction tenant davantage de l'euphorie chimique passagère que de la véritable plénitude.

Pire encore, chaque nouvelle acquisition nous éloigne un peu plus du chemin de la compréhension profonde de ce qu'est réellement le bonheur. En nous enferrant dans les affres d'un désir matérialiste alimenté par la peur de manquer, la consommation à outrance annihile nos plus nobles facultés d'élévation spirituelle.

À trop se fixer sur la vaine recherche ostentatoire d'une illusion éphémère de supériorité statutaire, nous finissons par perdre de vue l'essence des véritables valeurs fondamentales de l'existence. L'humanité, l'empathie et la solidarité fraternelle se dissipent peu à peu au profit d'un narcissisme possessif mortifère.

Dans cet enfer nihiliste coupé de tout sens de la transcendance, la créativité et la lien communautaire se brisent pour n'être que de simples faire-valoir dépourvus de substance. Un monde froid et artificiel, dans lequel on s'enivre d'une succession d'achats paradoxalement toujours plus vides de sens. Une quête régressive vers les stades les plus primaires de la condition humaine.

Rompre durablement avec ce cercle vicieux consumériste représente à n'en pas douter l'un des plus grands défis philosophiques de notre époque. Substituer à la quête éperdue de bonheur artificiellement recréé par les objets l'épanouissement authentique issu d'un retour à l'essentiel nécessite un indispensable travail de reconstruction émotionnelle et intellectuelle.

Le chemin à parcourir reste semé d'embûches tant le consumérisme ambiant a fragilisé nos défenses psychiques et notre lucidité. Déconstruire une à une les illusions commerciales qui nous ont été insidieusement imposées au point de devenir de véritables dogmes comportementaux relève d'un long processus d'introspection douloureux.

Accepter que la félicité ne réside pas dans l'appropriation vaine de richesses périssables mais dans notre rapport au vivant et au lien humain représente le préalable à toute évolution. De même qu'acter sereinement l'idée d'une mort inéluctable permet seule de donner tout son sens au temps de vie imparti.

Seul le dépouillement des entraves matérialistes et l'humble reconnaissance de notre réalité d'être faillible et temporaire en ce monde terrestre finiront par nous conduire à la porte d'accès à l'épanouissement véritable de soi. Une porte faite d'attention portée à autrui, de gratitude pour les petits bonheurs simples de l'existence, et d'accomplissement par l'élévation de la pensée et l'ouverture au merveilleux.

Tôt ou tard, l'humanité devra se résoudre à écouter la voix de cette sagesse ancestrale. Faute d'éradiquer les ferments de cette dangereuse idéologie consumériste, elle poursuivra son inexorable délitement spirituel et moral jusqu'à ce que l'effondrement devienne inévitable. Le choix de son avenir lui appartient.

4.5 - Les conséquences négatives de la surconsommation : endettement, stress et pollution

Au-delà des simples dérives psychologiques et relationnelles, la surconsommation effrénée qui mine les sociétés modernes représente surtout une véritable menace multidimensionnelle. En alimentant un engrenage pervers où l'accès au crédit facile favorise la satisfaction immédiate des désirs futiles, ce fléau consumériste engendre d'immenses ravages tant sur le plan micro-économique que macro-environnemental.

À l'échelle individuelle tout d'abord, l'endettement excessif demeure sans conteste la plaie la plus prégnante et aux conséquences les plus désastreuses. Conditionnées dès le plus jeune âge à vouloir toujours plus de biens superflus, les populations sont entrées ces dernières années dans une frénésie compulsive où l'achat à crédit est devenu la norme.

En quelques décennies à peine, une bonne partie de la classe moyenne a ainsi sombré dans un véritable enlisement lié à l'accumulation exponentielle de mensualités à honorer. Crédits automobiles, réserves d'argent, prêts immobiliers ou multipropriétés hasardeuses, plus rien n'est épargné dans cette folle surenchère à l'endettement pour entretenir un train de vie artificiel.

Malheureusement, les dérives sont vite apparues à mesure que les emprunteurs se sont retrouvés dans l'incapacité de faire face aux échéances récurrentes. Défauts de paiement en cascade, saisies de biens, dégradations du dossier de crédit, les impacts néfastes n'ont eu de cesse de s'amplifier en formant un véritable engrenage sans fin.

Dans les cas les plus critiques, ces situations d'endettement massif ont engendré de véritables drames humains entre dépressions nerveuses, ruptures familiales et chutes vers la précarité la plus extrême. Une fois happés par ce vortex de la consommation compulsive, de nombreux individus se sont retrouvés piégés jusqu'à en perdre tout sens des réalités économiques les plus élémentaires.

Au niveau sociétal, cette déferlante consumériste et les abus crédits induits ont accentué les fractures déjà béantes au sein du corps social. D'un côté les privilégiés assurés d'un certain patrimoine et d'une relative aisance financière, de l'autre la masse croissante des déclassés happés par la spirale de l'endettement.

Entre ces deux mondes désormais résolument déconnectés, le respect et la solidarité ont fait place à une véritable guerre des classes larvée. D'un côté les rancunes et les envies des laissés-pour-compte envers ces nantis arrogants, de l'autre le mépris condescendant des insouciants envers ces "irresponsables" incapables de se prendre en main financièrement.

Au-delà de ce terrible constat d'une société rongée par les dissensions et les antagonismes issus de ce déséquilibre structurel, c'est bien l'idée même de la cohésion républicaine et de ses fondements humanistes qui se trouvent bafouées. En créant de tels abîmes entre les citoyens, la surconsommation érode peu à peu les plus nobles valeurs d'égalité et de fraternité.

Mais les ravages de ce consumérisme dévastateur ne se cantonnent malheureusement pas qu'aux dommages économiques sur les particuliers ou sur l'ordre public. L'environnement et la préservation des ressources naturelles pour les générations futures constituent également des victimes en première ligne de ce phénomène incontrôlé.

En alimentant un système productiviste forcené et un renouvellement effréné des biens de consommation, cette fièvre dépensière a fait exploser l'exploitation des matières premières et la génération de déchets. Des conséquences désastreuses sur l'équilibre des écosystèmes mondiaux dont les effets cumulés pourraient s'avérer irréversibles à terme.

De l'accélération de l'épuisement des stocks d'eau potable et d'énergies fossiles à la tragique défiguration des paysages par les décharges à ciel ouvert, la liste des méfaits causés par cette productivité frénétique s'allonge d'année en année. Une véritable bombe à retardement écologique qui menace directement la pérennité même de la vie sur Terre telle que nous la connaissons.

Enfin, dernière ombre au terrible tableau, les conséquences psychologiques et sanitaires directement imputables aux dérives de la société de consommation s'avèrent tout aussi préoccupantes. Aliénation mentale croissante, stress permanent, dépression, perte de sens et de repères, la litanie des troubles liés à la marchandisation de nos existences ne cesse de s'aggraver.

Prisonniers de cette frénésie d'acquisition perpétuelle, de nombreux individus se retrouvent pris dans un état d'anxiété larvée et une réelle souffrance existentielle. Plus rien n'arrive véritablement à les satisfaire durablement. Seule compte désormais la jouissance éphémère et superficielle de la prochaine acquisition puérile.

Dans ce funeste engrenage, comment les individus pourraient-ils encore réellement prendre le temps de se connaître, de développer de véritables liens ou de se concentrer sur leur accomplissement personnel ? La tyrannie du désir consumériste a étouffé les moindres velléités de transcendance pour les confiner au misérable rang de simples pantins écervelés et perpétuellement frustrés.

Se libérer des griffes de ce consumérisme mortifère passe donc nécessairement par une prise de conscience urgente sur le plan collectif des conséquences multidimensionnelles à long terme de ce phénomène incontrôlé. Chacun doit désormais œuvrer de façon urgente à la reconstruction d'un nouveau modèle sociétal plus vertueux et durable.

Au niveau individuel, renouer avec une sage frugalité spiritualisante et un rapport plus respectueux de la nature représentent les prémices indispensables à un retour vers l'équilibre intérieur. Au niveau des acteurs économiques, la transition vers un paradigme de production responsable et éthique visant à limiter les dégâts environnementaux s'impose comme un impératif vital.

À l'échelle des pouvoirs publics enfin, la régulation rigoureuse des excès du capitalisme débridé, la taxation sévère des comportements dommageables et la refonte du secteur bancaire pour encadrer durablement le crédit à la consommation devront être des marqueurs majeurs de ce nouveau monde vertueux tant attendu.

Pour y parvenir, il faudra renouer avec certaines des sagesses millénaires de l'humanité autour de valeurs fédératrices comme la tempérance, la solidarité et le respect du vivant. La réussite de cet indispensable sursaut salutaire pour l'espèce sera à ce prix. Puisse l'humanité avoir l'humilité et la lucidité nécessaires pour enfin écouter ce cri d'alarme avant qu'il ne soit trop tard.

Chapitre 5 : Influences Culturelles et Sociétales sur la Perception de l'Argent

L'argent, ce bien si convoité et pourtant si insaisissable dans son essence même, a façonné les sociétés humaines depuis la nuit des temps. Au-delà de sa simple fonction d'échange économique, il revêt en effet une dimension symbolique complexe chargée de représentations et de valeurs aux multiples ramifications. Un prisme à travers lequel les différentes cultures, religions et systèmes politiques ont projeté leurs spécificités et leurs propres visions du monde.

À l'origine de ces divergences de perception se trouve d'abord la relation ontologique entretenue par chaque civilisation avec la matérialité et la possession. Pour certaines inspirations philosophiques, la quête de richesses se rapproche de la voie de l'épanouissement personnel, de l'accomplissement de soi et de la reconnaissance sociale. Pour d'autres, au contraire, il s'agit là d'une inepte vanité, d'une dérive matérialiste vile et d'une perversion de l'esprit.

Prenons par exemple les cultures judéo-chrétiennes et leurs visions pour le moins contrastées de la fortune. Si dans le monde hébraïque traditionnel, la prospérité est généralement considérée comme une bénédiction divine, un signe de réussite et d'élection par le Très-Haut, le christianisme prône lui une vision beaucoup plus modérée, voire résolument ascétique de la richesse.

Dans la symbolique biblique, l'appât du gain et l'amour démesuré pour les biens matériels représentent en effet l'une des plus graves formes de tentation mondaine pouvant conduire à la perte des valeurs spirituelles essentielles. Une conception duale de l'argent qui n'est pas sans avoir forgé les préceptes moraux de nombreuses nations occidentales contemporaines.

Dans une mouvance relativement opposée, les cultes extrême-orientaux comme le bouddhisme ou le taoïsme ont, eux, érigé le détachement des vanités terrestres et la frugalité en véritables dogmes à suivre. En préconisant la minimalisation des désirs et des biens superflus pour atteindre la plénitude intérieure, ces philosophies ont indéniablement façonné le rapport d'une bonne partie de l'humanité à la possession et à l'accumulation.

Dans l'hindouisme enfin, le statut ambigu de l'argent varie selon les écoles. Si certaines franges prônent un ascétisme strict, d'autres courants reconnaissent la possibilité d'atteindre une forme d'éveil spirituel par la voie d'une certaine réussite matérielle. Une résonance qui n'est d'ailleurs pas sans rappeler la fameuse "éthique protestante" développée par Max Weber pour expliquer l'essor du capitalisme en Occident.

D'un point de vue civilisationnel, l'influence plurimillénaire de ces multiples philosophies explique les écarts de perception parfois saisissants entre les différents peuples du globe. Aussi n'est-il guère surprenant de constater que dans les zones historiquement frappées par le sceau d'un ascétisme rigoriste, comme en Inde ou en Asie du Sud-Est bouddhiste, les mentalités restent généralement marquées par une fervente croyance en la vertu cardinale de l'humilité et par une forme de rejet des apparences ostentatoires.

À l'inverse, dans les anciennes régions fortement façonnées par les grandes idéologies conquérantes, l'argent a rarement été dissocié des notions de pouvoir, d'ambition personnelle et de domination impériale. La primauté accordée par l'empire romain à la démonstration de richesse, l'or et l'apparat princier, en est l'illustration parfaite. Un héritage culturel que certaines nations latines ou anglo-saxonnes contemporaines ne semblent toujours pas avoir totalement évacué.

Mais au-delà des particularismes civilisationnels, les conceptions politiques contemporaines ont également influé considérablement sur le rapport à l'argent et à la propriété dans les sociétés modernes. Les différents systèmes capitalistes, communistes ou socialistes se sont en effet ardemment affrontés autour des questions de répartition des richesses, d'égalité salariale et de légitimité de l'enrichissement individuel.

Dans les contrées acquises aux idéaux collectivistes soviétiques ou maoïstes par exemple, la richesse privée massive a longtemps été perçue comme l'expression par excellence de l'égoïsme bourgeois, un déni révoltant des aspirations égalitaristes du prolétariat. De violentes campagnes de stigmatisation, confiscations et répressions contre les détenteurs de capitaux ont régulièrement été menées au nom de ce rejet viscéral de l'argent comme instrument d'oppression capitaliste.

À l'inverse, au sein du monde occidental de tradition libérale, le culte de l'entrepreneur milliardaire philanthrope représentant l'idéal du "self-made man" parti de rien pour réussir reste un puissant mythe fédérateur. Une vision sublimée de l'enrichissement vue comme l'expression ultime des valeurs de liberté, de réussite individuelle et de possibilités offertes à chacun dans les sociétés modernes.

Entre ces deux extrêmes, d'innombrables autres nuances dans la conception de l'argent ont également émergé au gré des régimes politiques successifs, qu'il s'agisse des dérives populistes de pays aux économies fragilisées ou des critiques altermondialistes remettant en cause la légitimité des ultra-riches dans une perspective tiers-mondiste.

Reste qu'en dépit de ces multiples divergences de vues profondément ancrées, un phénomène sociologique d'ampleur semble transcender aujourd'hui toutes les spécificités locales. L'extraordinaire avènement de la société de consommation mondialisée depuis un demi-siècle a en effet engendré une forme de mondovision standardisée où l'acquisition frénétique de biens matériels estampillés est devenue la norme pour une très large partie de l'humanité.

Dans cette nouvelle ère culturelle de la surconsommation effrénée, l'argent ne représente désormais plus seulement un simple instrument d'échange et de pouvoir d'achat. Il s'est également chargé d'une forte dimension psychologique d'assouvissement de désirs consuméristes sans cesse renouvelés, de marqueur statutaire et identitaire avide de reconnaissance sociale ostentatoire.

Une tendance d'autant plus préoccupante qu'elle semble progressivement dissoudre les piliers des cultures traditionnelles pour laisser place à une inquiétante uniformisation mercantile des esprits. Une menace d'arasement spirituel, éthique et environnemental qui appelle désormais une urgente et indispensable prise de conscience globale.

5.1 - Différences culturelles dans la perception de l'argent et de la richesse

Si l'argent peut être considéré comme l'une des rares constantes véritablement universelles à l'échelle planétaire, les multiples spécificités culturelles et civilisationnelles ont néanmoins façonné une riche mosaïque de représentations et de rapports à la richesse. Tantôt objet d'adoration ou de mépris, tantôt promesse de réalisation terrestre ou de damnation spirituelle, les significations et les valeurs associées aux biens matériels restent marquées par une stupéfiante diversité au gré des différents peuples.

Prenons pour commencer l'exemple des nations du Golfe arabo-persique profondément influencées par l'islam sunnite rigoriste et ses préceptes complexes sur les richesses. Dans cette région du monde, l'opulence parfois démesurée des grandes familles régnantes et l'extrême concentration de patrimoines colossaux coexistent avec les notions coraniques de devoir de charité et de rejet affiché de l'ostentation vaine.

Un paradoxe que la plupart des monarchies pétrolières tentent d'expliquer en se présentant comme les humbles "dépositaires" providentiels des immenses trésors naturels de leur sol, avec le devoir d'en redistribuer une partie pour le bien commun des croyants. Une vision charitable et pieuse de la richesse qui explique la prolifération spectaculaire des fondations caritatives royales dans la péninsule arabique.

À l'inverse, dans les confins reculés de l'Himalaya ou au cœur des anciennes cités sacrées de l'Asie du Sud-Est, le rejet bouddhiste des possessions terrestres et l'idéal de la vie monacale frugale et détachée des vanités matérielles reste un puissant catalyseur d'abnégation. Une approche de la pauvreté vécue non comme une malédiction mais comme la voie vertueuse vers l'illumination. Un soufisme dépouillé, gage de pureté spirituelle, que bien des contemplatifs en mal de transcendance dans nos sociétés occidentales n'ont d'ailleurs eu de cesse de vouloir imiter.

Dans les nations chrétiennes conservatrices du vieux continent, la riche ou le puissant capitaliste reste au contraire bien souvent perçu comme la figure récurrente du "nanti arrogant" ayant tout sacrifié sur l'autel du lucre et de l'ambition personnelle. Un archétype du "mauvais riche" dont les outrances décadentes et la morale suspecte cristallisent bon nombre des rancœurs populaires ancrées depuis des générations.

Un contraste saisissant avec les États-Unis où le culte de l'entrepreneur milliardaire philanthrope, de l'ultra-riche conquérant admiré de tous car incarnation du rêve du self-made man, reste l'un des plus puissants moteurs de la psyché nationale. Ici, le très-riche patron est une idole encensée, un symbole d'ambition, d'audace et de persévérance individuelles récompensées pour l'édification générale. L'argent devient alors non plus une fin en soi, mais le juste salaire mérité pour les efforts exceptionnels déployés au service de l'intérêt collectif.

Des représentations pour le moins contrastées que l'on retrouve en filigrane dans la perception des notions d'enrichissement, d'héritage et de transmission. Ainsi, sur le Vieux Continent, la transmission générationnelle des patrimoines reste-t-elle encore très présente dans les mentalités collectives, qu'elle soit décriée ou au contraire vue comme un devoir sacré de pérennisation des lignées. En Scandinavie ou en Europe de l'Est par contre, la réussite et la prospérité demeurent des facteurs essentiellement liés à l'effort personnel, là où les notions d'héritage restent le plus souvent suspectées.

Des disparités profondes que l'on retrouve déclinées jusque dans les aspirations et les modèles sociétaux à suivre. Pour certains peuples, le mythe de l'eldorado occidental reste effectivement un horizon indépassable, avec son cortège de gratte-ciel, de jolies villas cossues, de voitures dernier cri et de mode d'hyper-consommation effrénée. Une véritable idéologie venue du "rêve américain" de réussite matérielle individualisée qui n'a eu de cesse d'ensorceler une bonne partie de la jeunesse mondiale.

Pour d'autres nations en revanche, un tel étalage de richesses crasse demeurerait au contraire le symbole d'un matérialisme dégradant, expression ultime de la vulgarité et de la déchéance morale. Le véritable accomplissement de soi semblerait davantage passer par une forme de sagesse dépouillée, d'harmonie avec la nature et les traditions ancestrales. Un idéal de frugalité vertueuse du Curé campagnard et du Bonze ascétique, rempart contre les dérives mercantiles d'une prétendue modernité décadente.

Mais au-delà de ces conceptions philosophiques, religieuses ou métaphysiques autour de l'argent et de la richesse, certains déterminismes géographiques ont également engendré des particularismes culturels saisissants dans les sociétés contemporaines. La prégnance des systèmes de clans ou de tribus agnatiques extrêmement rigides, dans le Caucase, le Maghreb ou encore la Corne de l'Afrique, possède ainsi d'évidentes implications sur la perception de la fortune et de l'entrepreneuriat individuel.

Dans ces communautés villageoises traditionnelles extrêmement hiérarchisées, segmentées et empreintes d'un fort esprit de corps, la recherche de prospérité personnelle reste forcément cantonnée aux stricts cadres familiaux préétablis. L'accumulation de biens et le prestige social qui en découle ne revêtent une valeur véritable qu'à la condition d'être partagés et mis au service du rayonnement collectif du clan. Là où toute démarche individualiste de self-made man serait perçue comme une odieuse trahison envers les siens.

Un cloisonnement endogamique qui constitue un frein considérable à l'ouverture d'esprit économique et favorise le repli frileux sur les réseaux de solidarité traditionnels. Un trait de caractère culturel que n'ont d'ailleurs eu de cesse de déplorer certaines puissances étrangères désireuses d'implanter leurs activités commerciales dans ces régions. L'échec cuisant de la plupart des programmes d'éducation à l'entrepreneuriat initié par diverses institutions internationales constitue en ce sens un cas d'école édifiant.

Quels que soient les efforts déployés, cette dimension communautaire structurante semble demeurer la matrice identitaire première de ces peuples, un antidote opposé à toute velléité d'individualisme conquérant. Un précieux garde-fou mémoriel qui, s'il a pu freiner le développement dans certains cas, aura permis de préserver un lien primordial à l'essence même des cultures humaines : le partage au sein d'une communauté solidaire soudée.

Une dialectique aussi vieille que l'humanité elle-même entre tradition et modernité, entre prospérité matérielle et équilibre spirituel, qui semble bel et bien promise à perdurer pour longtemps encore. Aussi apparaît-il indispensable pour les entrepreneurs, les décideurs politiques ou les simples voyageurs d'aujourd'hui et de demain de saisir toute la complexité des divergences de représentation au travers des différents prismes culturels. Une démarche d'ouverture riche d'enseignements pour appréhender la place à accorder à l'argent et aux biens matériels dans nos existences.

Plutôt que de tomber dans les travers d'un universalisme économique hégémonique aveugle, la véritable sagesse résidera dans la faculté à embrasser par l'esprit ces multiples dimensions civilisationnelles, à en saisir les ressorts et les subtilités. Seule une telle démarche compréhensive permettra de dépasser les clivages stériles pour tendre vers un idéal de prospérité respectueuse des équilibres et des spécificités de chacun.

Il s'agira en effet d'apprendre à reconnaître dans les diverses conceptions de l'argent non plus un frein au développement ou un facteur de déchirements, mais bien une merveilleuse opportunité de développement harmonieux. De la vision monastique du riche détaché des vanités à la philanthropie entrepreneuriale, de l'idéal nomade du partage communautaire à la quête bourgeoise de reconnaissance sociale, toutes ces facettes complémentaires recèlent en vérité des trésors de sagesse à même d'enrichir nos représentations modernes.

Fort de ces enseignements séculaires conjugués, il deviendra alors possible de tendre vers une forme d'équilibre universel, où la possession ne serait ni honteusement bafouée comme un vice immoral, ni adulée de façon démesurée au point d'occulter toute autre aspiration. Une voie médiane propice à une réalisation holistique, où l'argent retrouverait sa juste place d'outil au service d'un progrès éthique et spirituel partagé.

Une ambition des plus nobles qui passera nécessairement par de profondes remises en cause des dogmes économiques actuels. Sera-t-on alors capable d'insuffler de nouvelles valeurs altruistes et durables au sein des sphères financières, entrepreneuriales et décisionnelles ? Saura-t-on réinventer un capitalisme enfin débarrassé de ses travers les plus dévastateurs ? Autant d'immenses défis qui attendent la génération montante, pour peu qu'elle sache faire preuve d'une ouverture d'esprit à toute épreuve.

Nul doute qu'une fois les différentes perceptions du monde correctement intériorisées, analysées et transcendées, l'argent cessera alors d'apparaître comme un poison aliénant ou une drogue mortifère, pour redevenir ce qu'il n'aurait jamais dû cesser d'être : un simple outil pragmatique au service du lien humain dans toute sa dimension universelle. Une opportunité de surmonter les fractures identitaires dans un monde plus solidaire et pérenne pour les générations à venir.

5.2 - L'impact des normes sociales et des traditions sur notre relation avec l'argent

Depuis la nuit des temps, l'argent et les biens matériels sont intrinsèquement liés à notre condition d'êtres sociaux, assujettis à des codes normatifs et culturels complexes. Au-delà de leur simple valeur pragmatique et économique, ils revêtent ainsi une portée hautement symbolique, teintée de considérations morales, spirituelles et identitaires propres à chaque civilisation. Une dimension profondément ancrée dans les imaginaires collectifs qui définit largement nos représentations individuelles de la richesse.

À cet égard, l'exemple du poids des traditions confucéennes dans les sociétés d'Extrême-Orient reste sans doute l'un des plus marquants. Pendant des siècles, la doctrine officielle prônée à la fois par les lettrés et par les autorités impériales de Chine, de Corée ou du Japon féodal fut en effet celle d'un respect rigoriste des préceptes moraux hérités du Maître. Dont, notamment, la célèbre "Voie Juste du Milieu" censée prémunir contre tous les excès et dérives potentiels, qu'ils soient dans l'opulence ou la misère.

Une philosophie empreinte d'une infinie sagesse mais profondément méfiante envers toute forme d'accumulation de richesses excessives. Le rôle du bon confucéen se devait avant tout d'être celui d'un érudit vertueux, totalement détaché des plaisirs éphémères et des vanités matérielles, au service dévoué de l'harmonie familiale et sociale. Une forme d'ascétisme contemplatif où la quête de connaissance primait les biens terrestres.

Un idéal élitiste de pondération et de médiateur impartial que les autorités impériales s'efforçaient d'incarner à chaque dynastie, se présentant comme les humbles serviteurs providentiels du bon gouvernement des sujets. Une conception aristocratique du pouvoir et de la prospérité destinée a durablement imprimé les esprits d'une forme de suspicion généralisée envers les élans mercantiles et la recherche effrénée de profits.

Ce sont d'ailleurs ces mêmes valeurs morales qui rendirent si longue et difficile l'acceptation des pratiques capitalistes après les humiliations des Guerres de l'Opium au XIXe siècle. Une réticence culturelle viscérale qui ne fut véritablement surmontée qu'à partir des années 1980, avec le virage économique et industriel de la Chine populaire puis l'extraordinaire essor des "Quatre Dragons" dans la foulée. Un changement de paradigme où la richesse devint peu à peu source de prestige et de respect, promesse d'ascension sociale pour des millions de familles rurales.

Un bouleversement axiologique d'envergure quasi-civilisationnelle, certes initié par les élites réformatrices au sommet, mais rapidement intériorisé par la majeure partie des populations avides de progresser dans l'échelle sociale. L'émergence fulgurante d'une classe moyenne asiatique consumériste et désireuse d'afficher ses nouveaux signes extérieurs de prospérité en est la parfaite illustration.

Si les tensions persistent entre les héritages néo-confucéens de traditions familiales patriarcales et l'avidité des "nouveaux riches", force est de constater le profond chambardement des mentalités à l'œuvre. Une forme de "dépaysannisation" des représentations qui soulignent avec force l'ampleur du choc des normes induit par le développement économique moderne, bien au-delà du seul cas asiatique d'ailleurs.

On retrouve en effet cette même forme de mutation du rapport à l'argent dans la quasi-totalité des zones en développement, qu'il s'agisse des tribus amazoniennes massivement acculturées face à l'appât des gains miniers, des confréries commerçantes musulmanes d'Afrique de l'Ouest dépassées par le capitalisme compétitif, ou encore des bidonvilles indiens gagnés par la déferlante médiatique consumériste.

Partout se dessine cette même ligne de fracture entre un riche héritage traditionnel où l'argent ne constituait souvent qu'un instrument accessoire dans une économie de subsistance, et la modernité effrénée d'un capitalisme débridé célébrant avidité et compétition. Un profond choc des valeurs menaçant de faire voler en éclats l'antique transmission mémorielle de siècles de modes de vie ruraux, communautaires et permaculturelles.

Un défi inédit que l'Occident a lui-même dû affronter à l'orée de la Révolution Industrielle, avec les déchirements sociétaux induits par la prolétarisation massive des campagnes et l'immense brassage des normes et des identités qui s'est ensuivi. Une véritable onde de choc culturelle initiatrice d'un extraordinaire bouillonnement intellectuel, philosophique et ouvrier visant à redéfinir le sens et la place du travail, de l'enrichissement et des hiérarchies sociales dans le nouveau monde naissant.

Des chocs de représentations qui ont durablement nourri des idéologies politiques antagonistes, du socialisme au libéralisme économique, du marxisme collectiviste au rêve du self-made man. Toutes expressions diverses d'une même quête de sens à donner à l'établissement de nouveaux rapports productifs désormais débarrassés des antiques structurations villageoises, corporatistes et seigneuriales.

Une phase d'âpres remises en cause qui vit la naissance d'une nouvelle bourgeoisie d'affaires consumériste et spéculatrice, adulée par les uns comme fers de lance indispensables du Progrès, abhorrée par les autres comme une oligarchie prédatrice guidée par l'insatiable soif du lucre. De lourds clivages durables qui hantent encore nos représentations collectives actuelles sur la richesse, l'exploitation et les inégalités, oscillant selon nos sensibilités politiques et nos parcours individuels.

Ajoutées aux influences parallèles de la tradition judéo-chrétienne elle-même émancipatrice mais profondément ambivalente envers les "biens périssables", ces normes antagonistes héritées des bouleversements de l'ère industrielle ont ainsi façonné une grande partie des schémas de pensée occidentaux contemporains sur l'argent. Qu'il s'agisse de le considérer comme un formidable outil d'émancipation personnelle ou au contraire une source d'abjectes pulsions décadentes, la pluralité des interprétations demeure foisonnante.

De ce fourmillement des références morales, des discours philosophiques mais aussi des relectures artistiques, littéraires ou psychanalytiques successives sur la question de l'argent, a ainsi émergé une vaste nébuleuse civilisationnelle entremêlant traditions, angoisses existentielles, aspirations de classe et idéaux politiques. Un précipité culturel dense qui participe encore aujourd'hui à modeler notre propre conception intime du rôle et de la symbolique de la richesse.

Une dimension normative fondamentale que les acteurs économiques, les décideurs publics et politiques mais aussi les simples citoyens ont tout intérêt à intégrer pleinement pour transformer en profondeur leurs rapports à l'argent et à la prospérité. Une remise en perspective salutaire à même de nous prémunir des pièges de la cupidité aveugle, de l'obsession consumériste et du fétichisme oppressant du capital.

5.3 - Les défis liés à l'argent dans les relations interpersonnelles (couples, familles, amis)

Sujet de tensions d'une incroyable récurrence à travers les âges et les cultures, l'argent demeure l'un des principaux facteurs de discordes au sein des relations humaines les plus intimes. Qu'il s'agisse des conflits au sein des couples, des querelles familiales ou des brouilles entre amis, les divergences sur les questions matérielles et financières constituent toujours d'inépuisables catalyseurs de souffrances et d'incompréhensions mutuelles.

- *Études américaines :*

Selon une étude du Pew Research Center de 2017, 24 % des couples américains citent des problèmes financiers comme l'un des principaux facteurs de leur divorce.

Une autre étude, réalisée par l'American Psychological Association en 2020, indique que le stress financier est un facteur de risque important pour la santé mentale des couples et peut augmenter la probabilité de conflits et de divorce.

- *Études européennes :*

Une étude européenne menée en 2019 par l'Université de Warwick a révélé que les couples avec des difficultés financières sont deux fois plus susceptibles de divorcer que les couples sans problème financiers.

Une autre étude européenne, réalisée par l'Institut Max Planck de démographie en 2020, a montré que les crises économiques peuvent entraîner une augmentation des taux de divorce, en particulier dans les pays où les systèmes de protection sociale sont moins développés.

Outre les évidentes problématiques économiques objectives de niveau de vie auxquelles sont confrontés de nombreux ménages modestes, les spécialistes expliquent ce phénomène par la coexistence de visions trop divergentes du rôle et de l'importance à accorder à l'argent. Un ressort psychologique puissant qui devient vite source d'incessantes remises en cause identitaires et remet en cause la pérennité des liens du couple.

On pense évidemment à l'archétype du mari issu d'un milieu populaire attaché à une forme de virilité ouvrière et aux valeurs de labeur traditionnel. Ce dernier aura ainsi tendance à entrer en conflit avec une épouse plus diplômée, avide de reconnaissance sociale et d'ascension par la réussite professionnelle et la consommation ostentatoire. Une opposition de représentations fondamentales qui engendrera immanquablement des frictions et une impression d'éloignement mutuel.

Mais au-delà de ces aspects culturels, ce sont surtout les divergences sur la gestion concrète des dépenses quotidiennes qui représentent le principal terreau des tensions conjugales selon les thérapeutes. L'argent devient alors un objet de luttes de pouvoir sans fin, où chacun revendiquera des prérogatives exclusives sur l'utilisation des ressources partagées. Une situation explosive propice aux mesquineries, aux cachotteries et aux reproches réciproques en tous genres.

Un climat malsain de défiance permanente qui ne tarde généralement pas à empoisonner la relation toute entière avant de se propager à la sphère familiale dans son ensemble. C'est ici que les enfants, soumis aux affrontements incessants de leurs parents pour des raisons de simples factures impayées ou d'achats jugés futiles, en viennent peu à peu à intégrer ces mêmes comportements délétères.

Des rancœurs tenaces qui ne manqueront pas de se perpétuer sur plusieurs générations par l'entremise des traumatismes et des pressions inconscientes intériorisées. C'est ici toute la complexité des transmissions héréditaires de représentations et d'angoisses autour de l'argent qui entre en jeu, façonnant durablement les rapports que les individus entretiendront avec l'idée de prospérité matérielle.

Une lourde charge mémorielle d'autant plus importante qu'elle participe à creuser des lignes de fracture et de non-dits profonds au sein des fratries. Quel aîné n'a jamais entendu les récriminations d'un puîné jaloux à l'idée d'hériter un jour de quelconques biens familiaux ? Quels parents n'ont vu leurs liens avec leurs propres enfants se distendre à la faveur de sordides conflits d'intérêts successoraux ?

Les exemples sont hélas légion de ces véritables drames intimes où d'inextricables enchevêtrements d'ambitions personnelles, de rancunes filiales et de batailles procédurières finissent par totalement gangrener et anéantir les liens les plus précieux. Une réalité d'autant plus poignante lorsqu'elle touche des milieux aisés où l'importance des enjeux patrimoniaux se trouve forcément décuplée.

Mais ces déchirements indubitablement exacerbés sous l'effet des grosses mises en jeu financières ne doivent pas occulter la souffrance insidieuse mais tout aussi réelle des familles plus modestes aux prises avec des difficultés budgétaires chroniques. En effet, préserver une réelle intimité complice lorsque chaque dépense aussi anodine soit-elle due faire l'objet d'incessants calculs et de savantes tractations ?

Une épée de Damoclès qui pèse également fort lourd sur les potentielles amitiés, rendant chaque faveur un peu trop importante, chaque invitation un peu dispendieuse, autant de sujets inavouables de discorde. Combien de liens fraternels n'ont-ils pas ainsi été brisés sous le poids de divergences financières en apparence dérisoires, mais à la charge psychologique infiniment lourde pour les âmes concernées ?

Car ne nous leurrons pas, au-delà de l'insatiable soif de possession qui animera toujours une certaine frange de la population, la plupart des êtres aspirent plus que tout à une vie libérée du souci permanent des fins de mois difficiles, des dettes et autres comptes à régler. Un horizon d'apaisement que beaucoup n'atteindront jamais du fait de nos sociétés hyper-consuméristes incitant à la dépense effrénée et au surendettement chronique.

Un cauchemar dantesque que symbolise avec force la figure désormais tristement populaire du "fauché glorieux", ce smicard perpétuellement à sec qui s'entête malgré tout à vouloir reproduire les diktats inaccessibles des classes bourgeoises. Une forme d'autodestruction d'autant plus tragique qu'elle ne manquera pas d'entraîner dans son sillage des ravages certains sur les cellules familiales de ces ménages à bout de souffle.

Mais alors quel remède pour espérer enfin désamorcer cette bombe à retardement égotique et briser la spirale psychologique infernale induite par les problèmes d'argent ? Outre les indispensables cheminements personnels de remise en cause et d'introspection, les solutions passent nécessairement par de profondes mutations culturelles.

Il faudra ainsi sortir de l'ère du consumérisme effréné, de la célébration éhontée des ultra-riches et de la dictature des apparences sociales. Un chemin ardu mais indispensable pour renouer avec une forme de décence morale et d'apaisement individuel dans nos rapports à l'argent et à l'autre. Un équilibre que seul un immense travail éducatif et de pédagogie pourra permettre d'espérer atteindre.

En somme, tout l'enjeu reviendra à désacraliser la possession des biens, à remettre l'argent à sa juste place d'outil au service d'un véritable accomplissement personnel et interpersonnel. À redonner toute sa noblesse à la simplicité volontaire et à un certain art de vivre frugal, en déconstruisant les multiples dogmes matérialistes qui rongent encore nos rapports humains les plus intimes.

Un idéal d'épanouissement spirituel et social sans doute ardu à atteindre, mais qui demeure la plus noble des causes pour qui souhaite voir se perpétuer l'harmonie des liens familiaux et amicaux les plus profonds. Une mission à bras le corps contre les forces d'aliénation qui ne cessent de tourmenter l'humanité depuis l'avènement des sociétés de consommation et de l'argent roi.

Car c'est bien là que réside le principal défi : parvenir à restaurer une relation saine et équilibrée avec l'argent, où celui-ci ne serait plus érigé en fin ultime mais redeviendrait ce qu'il n'aurait jamais dû cesser d'être, à savoir un simple outil au service du bien-être collectif. Une tâche ardue mais ô combien nécessaire si l'on veut renouer avec une forme d'authenticité dans nos rapports interpersonnels.

Il faudra pour se faire opérer un véritable travail de déconstruction des multiples injonctions publicitaires, des diktats de réussite matérielle et autres pièges du branding qui saturent nos existences modernes. Une indispensable remise à plat des critères de reconnaissance sociale dans nos civilisations, où la valorisation de l'être ne serait plus systématiquement indexée à l'accumulation d'artefacts et autres signes extérieurs de richesse ostentatoire.

Un changement de paradigme qui suppose d'encourager d'autres formes d'accomplissement personnel, de repenser nos définitions de l'élévation spirituelle et du sens de la bonne vie. Qu'il s'agisse de valoriser les voyages intérieurs et les expériences existentielles, de réhabiliter les arts, la culture ou le développement intellectuel, d'immenses chantiers pédagogiques attendent les générations présentes et futures.

Seule une véritable renaissance philosophique et éthique pourra en effet permettre de redonner à l'argent sa place de moyen plutôt que de fin en soi. De jeter les bases d'une nouvelle forme d'humanisme empreint de sobriété heureuse, d'équilibre intérieur et de quiétude dans la relation à autrui, comme dans le rapport à la nature et au monde matériel.

Un défi de taille qui appellera des transformations en profondeur de nos modes de vie, de production et de consommation actuellement bien trop soumis à l'impératif productiviste effréné. Tout l'enjeu sera de réussir à réinventer un nouveau type de prospérité holistique, débarrassée de l'obsession du toujours plus, accordant une place prépondérante à la qualité de vie plutôt qu'à la simple accumulation et l'apparence.

Une redéfinition pour laquelle les philosophies orientales telles que le bouddhisme ou le taoïsme constitueront d'indéniables sources d'inspiration. Ces vénérables sagesses millénaires qui ont toujours prôné le détachement des biens matériels, le respect de la nature et la plénitude du lâcher-prise auront à n'en pas douter un rôle majeur à jouer dans l'éclosion d'un nouveau rapport apaisé à l'argent et aux possessions.

Il faudra néanmoins veiller à éviter les travers de l'angélisme en la matière. Si la voie de la tempérance paraît en effet séduisante, rien ne serait pire que de sombrer dans les affres d'un nouveau puritanisme bourgeois faisant fi des plaisirs simples et du droit au bonheur terrestre pour chacun. L'idée n'est évidemment pas d'ériger une nouvelle forme d'ascétisme culpabilisateur, mais bien de renouer avec une forme de sagesse holistique.

Une sagesse respectueuse des aspirations humaines légitimes à l'aisance matérielle, aux loisirs et au confort, tout en prônant une forme de sobriété raisonnée et d'humilité face aux aléas de l'existence. Une éthique positive fondée sur le partage, l'altruisme et la préservation d'un environnement sain pour les générations futures, loin des logiques mortifères d'avidité et de cupidité aveugle à l'œuvre aujourd'hui.

C'est donc bien à la lumière de ces idéaux de plénitude, d'équilibre et de responsabilité écologique qu'il conviendra de redessiner les contours d'une nouvelle relation à l'argent, où celui-ci ne serait ni diabolisé ni divinisé, mais embrasserait simplement son statut de moyen technique facilitant les échanges et l'accès à une vie décente pour tous.

Nul doute que ce profond chantier philosophique et culturel de réappropriation collective du sens de la prospérité matérielle aura des répercussions profondes et salutaires dans les rapports humains les plus intimes. Comment en effet imaginer ne serait-ce que l'ombre d'un conflit lié à l'argent entre proches lorsque celui-ci aura retrouvé sa place de simple outil malléable au service de l'entente et de l'affection réciproques ?

5.4 - Étude de cas et exemples concrets de différentes cultures

Afin d'illustrer concrètement les défis posés par notre rapport problématique à l'argent, rien de tel que de se plonger dans diverses études de cas issues de cultures variées. Un éclairage riche et nuancé qui permettra de mieux saisir l'universalité de ces problématiques, tout en relevant les spécificités de chaque société.

Commençons par le cas bien documenté du Japon, perçu souvent comme l'archétype de la réussite économique effrénée. En effet, l'essor industriel et technologique foudroyant de l'archipel au 20ème siècle s'est accompagné d'une véritable frénésie de productivisme et de consumérisme de masse sans précédent.

Un engouement à l'américaine pour l'accumulation de biens, entretenu par des campagnes marketing agressives mais aussi un système de rémunération très incitatif lié aux heures supplémentaires. Résultat, de nombreux Japonais se sont littéralement tués à la tâche, générant les tristement célèbres phénomènes des "karoshi" (morts par épuisement professionnel) et des "kodokushi" (personnes décédées seules chez elles).

Une situation alarmante qui a conduit de nombreux chercheurs à s'intéresser à ce mal-être sournois des sociétés d'abondance. L'un des travaux les plus aboutis est certainement l'étude publiée en 2015 par le Pr Shigehiro Oishi de l'Université de Virginie, spécialiste de la psychologie des revenus.

En s'appuyant sur les données de l'Enquête sur les Préférences et la Vie des Japonais (JSLP) de 2009 et 2012, cette recherche a mis en lumière une corrélation frappante : les citadins japonais aux très hauts revenus (supérieurs à 10 millions de yens par an) présentaient des niveaux de bien-être psychologique et de satisfaction dans la vie nettement inférieure à ceux des classes moyennes rurales, proches de 3 millions de yens annuels.

Un constat pour le moins saisissant qui tend à prouver que le mythe d'une réussite sociale inéluctablement liée à l'opulence matérielle ne tient pas la route. Une idée d'ailleurs renforcée par les travaux du Professeur Ed Diener (Université d'Illinois) publiés dans la revue Psychological Science en 2010.

Ces recherches ont en effet démontré qu'au sein des pays développés, une fois le seuil annuel de 75 000$ franchi, l'apport d'un revenu supplémentaire n'était associé qu'à des hausses négligeables des niveaux de satisfaction dans la vie, d'émotions positives ou encore de respect de soi. Des conclusions particulièrement éloquentes au pays de l'Oncle Sam, haut lieu du culte du succès financier.

Les sociétés latino-américaines n'échappent pas non plus à ces travers d'une quête forcenée et déraisonnable de la prospérité matérielle. Ainsi, une enquête de 2012 du Programme des Nations Unies pour le Développement a révélé que 49% des Mexicains estimaient que "l'argent est la chose la plus importante dans la vie" contre seulement 14% de la population suédoise.

Un impact culturel massif de l'idéologie capitaliste que l'on retrouve également dans l'ambitieuse étude comparative internationale menée en 2017 par l'Organisation Mondiale de la Santé (OMS). Celle-ci a établi un lien direct entre la prévalence des suicides chez les adolescents et jeunes adultes d'Amérique latine et les carences de programmes éducatifs favorisant l'épanouissement personnel au-delà de la simple réussite économique.

Un constat validant là encore les observations du Pr Richard Wilkinson (Université du Sussex), qui a longuement documenté la corrélation entre les inégalités de revenus criantes au sein d'une société et la dégradation du bien-être, de la santé physique et mentale à l'échelle populationnelle.

Une réalité particulièrement saisissante lorsque l'on s'intéresse au cas de l'Inde, pays de violents contrastes de richesses où l'imagerie de l'opulence des happy few milliardaires côtoie la promiscuité des bidonvilles surpeuplés. Un décalage abyssal qui ne manque pas d'engendrer de lourdes conséquences psychologiques au sein des populations défavorisées.

C'est ce qu'a mis en lumière une étude publiée en 2019 par un groupe de travail de l'Institut Universitaire d'Inde pour la Famille et la Culture (IMIFC). Ses conclusions établissaient un lien statistique entre la précarité matérielle des franges les plus modestes des mégalopoles du sous-continent et la prévalence de troubles psychiatriques sévères tels que dépressions majeures, risques suicidaires et addictions en tous genres.

Un défi majeur de santé publique né de cet effroyable contraste de niveaux de vie qui exacerbe les phénomènes de jalousies, de frustrations et de sentiment d'infériorité au sein des populations démunies. Une réalité d'une brutalité telle que certains experts n'hésitent pas à évoquer la notion de "stress psychologique de précarité matérielle" comme moteur de véritables traumatismes psychologiques Trans générationnels.

À l'opposé, il existe cependant des exemples ethnologiquement enracinés de civilisations ayant intégré un rapport nettement plus sain et équilibré à la notion de prospérité matérielle. Nombreux sont en effet les spécialistes à citer le cas des peuples scandinaves comme archétypes de cette réussite.

Au Danemark par exemple, une grande étude publiée en 2013 par l'Université d'Aarhus a établi une corrélation frappante entre la diffusion à grande échelle de valeurs telles que le "lykke" (la simplicité et l'équilibre de vie), l'importance accordée au développement personnel et l'épanouissement relatif de la population danoise. Des chiffres éloquents qui placent régulièrement le Royaume au sommet des classements internationaux en matière d'indice de bonheur, loin devant les nations engagées dans la surenchère capitaliste.

Un contraste saisissant que l'on retrouve également en Thaïlande, société imprégnée des préceptes bouddhistes qui valorisent la recherche de la sagesse intérieure, le détachement des biens matériels et le rejet des injonctions consuméristes. Des vertus séculaires recensées par une méta-analyse de 2010 du Centre Thaï pour les Politiques de Développement Alternatives, et dont les effets positifs se traduisent par des niveaux de bien-être, d'estime de soi et de reconnaissance sociale élevée auprès de la majeure partie de la population.

Voilà autant de points de comparaison riches d'enseignements qui nous rappellent à quel point il importe, au-delà des apparences trompeuses des stricts indicateurs économiques, de reconsidérer profondément nos représentations et nos attentes collectives vis-à-vis de la prospérité matérielle. Un chantier de réinvention d'un rapport apaisé à l'argent qui requerra de puiser dans les meilleures sagesses des cultures traditionnelles comme des approches modernes de l'épanouissement humain.

Partie 2 : Vers un Bonheur Indépendant de l'Argent

Les nombreux éléments explorés précédemment ont mis en lumière les impasses de notre quête aveugle et effrénée de prospérité matérielle. Un mirage capitaliste perpétué par les puissantes forces à l'œuvre du marketing et de la société de consommation, mais dénué de tout fondement tangible en termes de bien-être et d'épanouissement durables. Il devient donc impératif d'opérer un profond changement de paradigme, en recentrant résolument nos aspirations collectives sur la recherche d'une forme de bonheur véritable, déconnectée de l'obsession des possessions matérielles. Une rupture culturelle majeure qui devra s'articuler autour de trois grands chantiers complémentaires.

I. Retrouver le sens du véritable épanouissement

La tâche première sera de déconstruire méthodiquement les conditionnements et les mirages entretenus par la société de consommation dans nos esprits depuis le plus jeune âge. Il faudra vigoureusement combattre les réflexes d'équation systématique entre prospérité matérielle et accomplissement personnel qui nous ont été inculqués.

Pour ce faire, il conviendra de puiser dans les multiples ressources philosophiques, spirituelles et psychologiques permettant d'ancrer une nouvelle définition positive du bien-vivre et de la plénitude intérieure. Des sagesses traditionnelles millénaires aux avancées récentes des neurosciences et de la psychologie positive, de nombreux outils conceptuels sont à notre disposition pour retrouver l'essentiel.

Les préceptes du bouddhisme, prônant le détachement bienfaisant des désirs futiles et l'apaisement intérieur par la méditation, peuvent ainsi nous inspirer. De même, l'héritage des philosophies antiques comme l'épicurisme ou le stoïcisme recèle d'indispensables clés pour cultiver une vie sobre et vertueuse, en accord avec la nature.

Mais ce sont surtout les avancées des Sciences du Bonheur ces dernières décennies qui nous éclairent sur les véritables sources de l'épanouissement durable. Les travaux fondateurs du Pr Seligman ont établi le rôle crucial de vertus comme la reconnaissance, la spiritualité ou l'altruisme dans l'expérience d'un véritable bonheur de l'Être.

Une approche confortée par les études des Drs Lyubomirsky et Sheldon, soulignant l'impact favorable de pratiques comme l'expression de gratitude, la fixation d'objectifs réalistes ou le soin des relations chaleureuses. Autant de pistes concrètes pour renouer avec une joie intérieure authentique, bien loin des vaines luttes pour l'accumulation.

II. Transformer en profondeur nos mentalités

Mais au-delà de ces indispensables ressources individuelles, c'est notre conception collective même de la reconnaissance sociale et de la réussite qu'il nous faudra réinventer. Faire advenir de nouvelles représentations valorisées de l'accomplissement existentiel, définitivement affranchies du prisme déformant des critères matérialistes.

Un défi culturel de taille qui impliquera d'explorer des alternatives ambitieuses aux dogmes toxiques de l'individualisme compétitif, de l'ego surdimensionné et du culte de l'apparence façonné par le capitalisme marchand. Il s'agira au contraire de réhabiliter les idéaux d'humilité, de dépassement de soi, de partage, de respect de la nature et de quête de sens et de transcendance.

Seule une révolution des valeurs aussi profonde permettra de désamorcer les pulsions consuméristes devenues de véritables addictions comportementales. Il faudra faire la part belle à l'essentiel : les liens affectifs épanouis, l'engagement citoyen, la transmission aux nouvelles générations, la culture désintéressée...

Un changement de philosophie qui devra être encouragé, enseigné et valorisé dans l'éducation, les médias ou les espaces publics. Toute une entreprise de reconstruction d'un idéal collectif d'existence épanouie, réconciliée avec un rapport apaisé aux biens terrestres.

III. Réinventer nos modèles économiques

Mais ce bouleversement des mentalités vers une société débarrassée de l'obsession possessive impliquera aussi une réforme en profondeur de nos modèles économiques actuels, systématiquement indexés sur la logique de croissance inconsidérée et de productivité débridée.

Il deviendra indispensable d'initier une transition vers de nouveaux schémas vertueux d'économie circulaire, responsable et relocalisée. Repenser nos circuits à une échelle humaine, privilégiant les échanges de proximité et le respect des équilibres naturels.

Une véritable révolution copernicienne de nos modes de consommation effrénée, pour réinsuffler du sens, du lien social et de l'accomplissement collectif au cœur de nos activités économiques. Nous réapproprier des projets vertueux écologiquement et socialement, bien loin de l'illusion stérile du chacun pour soi matérialiste.

Une transformation profonde certes, mais la seule à même de nous permettre de renouer avec la véritable prospérité humaine : celle d'une société saine, soucieuse de son environnement, où règnent l'harmonie, la sagesse, la sérénité et des relations interpersonnelles authentiques.

Un idéal exigeant mais rassembleur, qui suppose à la fois un indispensable travail sur soi pour déconstruire nos conditionnements consuméristes, mais aussi un engagement sociétal ambitieux pour refonder un nouveau modèle économique et culturel vertueux. Un défi de taille, mais la seule voie pour pérenniser un bien-être durable, au-delà de l'accumulation stérile de richesses.

Chapitre 6 : Cultiver la Gratitude et la Satisfaction

Après avoir posé les bases d'un nouveau rapport philosophique et économique à la prospérité matérielle, il est temps désormais d'explorer plus en profondeur les outils concrets permettant d'ancrer ces changements de mentalités dans nos vies quotidiennes. Et l'un des leviers les plus puissants pour nous défaire de l'obsession des richesses réside dans la capacité à développer un état d'esprit imprégné de gratitude et de pleine satisfaction intérieure.

I. Les bienfaits de la gratitude

Émotions positives centrales dans la conquête d'un bien-être pérenne, la gratitude et le sentiment de plénitude ont fait l'objet de nombreuses études démontrant leurs impacts favorables sur notre équilibre psychologique mais aussi notre santé physique.

Ainsi, les recherches du Pr Robert Emmons (Université de Californie) ont établi que la pratique régulière d'une expression consciente de gratitude permettait de réduire significativement les niveaux de stress, d'anxiété et de dépression. Ses travaux ont également mis en évidence des améliorations notables du sommeil et du système immunitaire chez les personnes cultivant cet état d'esprit positif.

D'autres études comme celles du Dr Alex Wood (Université du Missouri) ont par ailleurs montré que les individus exprimant davantage de reconnaissance tendaient à entretenir des relations interpersonnelles plus chaleureuses et épanouies avec leur entourage. Une gratitude favorisant à la fois un renforcement des liens affectifs vertueux, mais aussi un cercle vertueux de bienveillance réciproque.

Mais au-delà de ces bénéfices émotionnels et relationnels, d'autres recherches ont par ailleurs démontré les impacts positifs d'un état d'esprit empreint de gratitude sur nos performances cognitives et nos prises de décision. Ainsi, le Dr Glenn Fox (Université de la Caroline du Sud) a observé que les personnes conscientes de leurs motifs de gratitude faisaient preuve d'une plus grande patience, d'une régulation émotionnelle accrue, et prenaient des décisions plus avisées à long terme.

Ces différents constats scientifiques appuient donc la pertinence d'intégrer la reconnaissance consciente et l'expression de gratitude comme des pratiques ancrées dans nos vies quotidiennes. Non seulement pour nous prémunir des angoisses et des frustrations perpétuelles de la course aux possessions matérielles, mais aussi pour mieux nous épanouir dans une forme de sérénité ouverte sur autrui et tournée vers l'essentiel.

II. Savourer la pleine satisfaction

Parallèlement à la gratitude, un autre antidote puissant à la soif inextinguible de toujours plus réside dans notre capacité à savourer pleinement les petits bonheurs simples du quotidien. Et à cultiver cet état de satisfaction heureuse découlant d'une vie sobre et détachée des vaines convoitises consuméristes.

De nombreuses recherches ont en effet établi que nos cerveaux baignent dans un état de bien-être optimal lorsque nous parvenons à nous extraire des regrets du passé comme des projections anxieuses vers l'avenir, pour nous concentrer intensément sur l'ici et maintenant. Le Dr Rick Hanson (Fondation Bienveillance) a ainsi étudié en détail les circuits neuronaux impliqués dans cette forme de concentration attentive sur l'instant présent.

En pratiquant régulièrement des techniques de méditation de pleine conscience (mindfulness), l'on peut ainsi augmenter durablement son niveau de satisfaction par une focalisation sur les sensations agréables de l'immédiat. Qu'il s'agisse de la saveur d'un bon repas, de l'émerveillement d'un beau paysage naturel ou du plaisir simple d'une conversation chaleureuse entre amis.

Autant de petits bonheurs ténus mais intenses que nous laissons trop souvent filer, engloutis par les sollicitations permanentes des tâches en cours ou la fuite en avant compulsive vers de nouvelles occupations. Retrouver l'art de pleinement savourer ces parenthèses de satisfaction dans le moment présent constitue pourtant une indispensable source de paix intérieure et de légèreté, loin des agitations consuméristes.

Des enseignements corroborés par les travaux du Dr Sonja Lyubomirsky, co-autrice de l'ouvrage majeur "The how of happiness". En menant de vastes études qualitatives, celle-ci a en effet établi que notre capacité à nous extraire du flux de pensées angoissantes et distractives pour nous recentrer sereinement sur l'ici et maintenant représentait un facteur essentiel de bonheur authentique.

III. Intégrer ces pratiques dans nos vies

Forts de ces différents apports, reste désormais à explorer concrètement comment ancrer au quotidien ces pratiques vertueuses de gratitude consciente et de pleine satisfaction dans l'instant, pour en retirer tous les bienfaits.

Concernant l'expression de reconnaissance, de nombreux spécialistes recommandent de se fixer chaque matin quelques minutes pour noter par écrit une série de motifs de gratitude. Qu'il s'agisse de la chance d'être en bonne santé, d'avoir un travail épanouissant, un foyer accueillant ou tout simplement de profiter de certaines beautés naturelles trop souvent négligées comme un beau lever de soleil ou le chant des oiseaux.

C'est également un exercice puissant que de prendre le temps régulièrement d'exprimer cette gratitude directement à nos proches qui nous entourent dans les petits gestes du quotidien. Un moyen simple et naturel de resserrer les liens familiaux ou amicaux dans un climat de bienveillance et d'acceptation mutuelles.

Parallèlement, pour développer cette capacité de présence attentive et de pleine saveur des moments simples de la vie, il pourra être judicieux de se fixer des rappels réguliers dans nos agendas. Quelques pauses d'attention, espacées tout au long de la journée, pour lâcher prise, respirer profondément et se concentrer 5 à 10 minutes sur nos sensations bienveillantes du moment : les sons environnants, les odeurs, les couleurs, le contact de l'air sur notre peau...

Des rituels apaisants que de nombreuses traditions ont érigé en véritables arts de vivre, comme la cérémonie du thé en Extrême-Orient ou la pratique de la sieste dans les pays méditerranéens. Autant de sources d'inspiration pour réintégrer dans nos cultures urbaines contemporaines trop souvent emplies d'agitation et de dispersion.

Mais ces différents exercices resteront vains si nous ne nous efforçons pas au quotidien de vrais changements d'habitudes. En cultivant davantage le regard plein de fraîcheur de l'enfant qui s'émerveille des petits riens. En prenant conscience de nos automatismes mentaux anxieux pour mieux les interrompre et nous recentrer sereinement sur l'essentiel. Une démarche de pleine conscience continue qui nous apprendra petit à petit à savourer et à apprécier la richesse simple de l'existence, loin des mirages consuméristes.

Un cheminement certes exigeant dans nos vies trépidantes, mais représentant un puissant rempart contre les frustrations et insatisfactions perpétuelles animées par la cupidité. La vraie voie pour nous épanouir dans la reconnaissance heureuse de ce que nous avons déjà, plutôt que de courir indéfiniment après ce que nous n'aurons jamais.

6.1 - Apprendre à apprécier les choses simples de la vie

Nous vivons à une époque où les stimulations, les distractions et les sollicitations sont omniprésentes. Nous sommes constamment bombardés de publicités, d'alertes sur nos appareils, et d'un flot incessant d'informations qui capturent notre attention. Dans ce tourbillon frénétique, il est facile de perdre de vue l'essentiel et de passer à côté des petits bonheurs simples qui parsèment nos journées. Pourtant, c'est précisément dans ces instants de pleine présence et de saveur que réside le secret d'un véritable épanouissement durable, détaché de la course effrénée à la consommation matérielle.

I. Retrouver la capacité d'émerveillement

L'un des premiers défis pour apprécier les choses simples consiste à réapprendre à ouvrir grand nos sens et à redécouvrir le monde qui nous entoure avec un regard neuf, dépouillé des filtres déformants de nos conditionnements et attentes. Une forme de retour à l'émerveillement spontané de l'enfance, où chaque élément du quotidien revêtait encore un caractère merveilleux et fascinant.

Car c'est un fait, au fil des années, nos esprits se sont progressivement encombrés d'une multitude de schémas mentaux rigides et de représentations toutes faites qui nous empêchent de véritablement voir, sentir et goûter la richesse insoupçonnée des petites choses autour de nous.

Il nous faut donc réapprendre à suspendre nos jugements hâtifs et nos idées préconçues pour nous ouvrir avec curiosité et fraîcheur aux sensations brutes qui nous entourent. Qu'il s'agisse de la saveur d'un met familier ou du spectacle d'un simple coucher de soleil, chaque instant recèle une profondeur et une beauté insoupçonnées lorsque nous les explorons avec les yeux grands ouverts de l'émerveillement enfantin.

II. Cultiver la pleine conscience

Mais pour atteindre cet état de présence attentive et d'ouverture aux merveilles ordinaires, il sera essentiel de développer notre capacité à la pleine conscience, fondement de la capacité à véritablement savourer l'instant présent. Une discipline millénaire issue des traditions de sagesse orientale, mais dont les bénéfices ont été largement validés par la psychologie scientifique moderne.

Les techniques de méditation issues du bouddhisme ou du yoga, qui nous enseignent à ancrer notre attention sur le flux naturel de notre respiration et de nos sensations corporelles immédiates, constituent ainsi de puissants outils pour nous extraire du flot incessant de nos pensées anxieuses ou projections mentales.

De même, la pratique de simples prises de conscience de nos cinq sens, en nous immergeant totalement pendant quelques instants dans la contemplation attentive des couleurs, des sons, des odeurs ou des textures qui nous entourent, permettent de nous reconnecter intensément à la richesse vibrante de la vie dans l'ici et maintenant.

Autant d'exercices accessibles qui, menés régulièrement, peuvent nous aider à développer un état d'esprit apaisé, débarrassé du bruit de fond de nos agitations intérieures constantes. Un espace de quiétude mentale où chaque sensation simple devient soudain source d'une joie profonde et gratifiante, loin des vaines complications matérielles.

III. Pratiquer la gratitude pour l'ordinaire

Mais au-delà de cette faculté de pleine présence contemplative, un autre puissant levier pour apprécier les petits bonheurs du quotidien réside dans la gratitude. Une forme d'émerveillement actif qui consiste à prendre conscience avec reconnaissance de toutes les petites merveilles insoupçonnées qui jalonnent nos existences et que nous avons trop tendance à ignorer ou à considérer comme allant de soi.

Qu'il s'agisse du simple fait de pouvoir se promener en famille dans un beau parc, du privilège de disposer d'un toit confortable, d'un verre d'eau fraîche à portée de main ou de la chance d'être en bonne santé, nous négligeons trop souvent ces sources intarissables de petits bonheurs gratuits qui devraient nous remplir de gratitude chaque jour.

En cultivant une attitude de reconnaissance pour ces "merveilles de l'ordinaire", nous apprenons à porter un regard émerveillé sur les infinies petites richesses qui parsèment nos vies mais que nous avions cessé de véritablement voir et savourer. Nous réalisons alors que le véritable trésor d'une existence comblée n'est pas à chercher dans l'accumulation frénétique de possessions matérielles, mais dans cette pleine appréciation des instants précieux qui constituent la trame même de nos journées.

Replacer ces petits bonheurs au cœur de notre attention quotidienne, en leur rendant grâce un à un, devient alors le premier pas pour nous défaire des mirages consuméristes et renouer avec une forme d'épanouissement véritable, ancré dans la saveur de l'essentiel.

Bien que cette démarche requière au départ une réelle discipline d'esprit pour aller à contre-courant de nos réflexes de plainte ou d'insatisfaction perpétuelle, elle ouvre la voie à une profonde transformation intérieure. En pratiquant avec constance la gratitude pour les merveilles ordinaires et humbles, nous apprenons peu à peu à rayonner dans la plénitude d'un cœur apaisé, réconcilié avec les richesses infinies et gratuites du simple fait d'être en vie.

6.2 - Se concentrer sur les aspects positifs de sa situation

Dans notre quête d'un bonheur véritable et durable, apprendre à porter un regard positif et reconnaissant sur sa situation présente constitue un levier essentiel. Trop souvent, en effet, notre esprit a tendance à se focaliser sur ce qui manque, sur les frustrations et les insatisfactions, nous enfermant dans un état de plainte chronique qui mine notre bien-être. Sortir de ces ornières défaitistes en cultivant une vision ouverte sur les aspects favorables et chanceux de notre condition représente donc un puissant antidote à l'obsession stérile de l'accumulation matérielle.

I. Déconstruire nos schémas mentaux négatifs

Le premier défi consiste à prendre conscience des mécanismes mentaux qui nous entraînent si facilement dans la spirale de l'apitoiement et du ressentiment perpétuel. Des schémas de pensée délétères que les psychologues qualifient de "biais cognitifs" et qui, ancrés en nous dès le plus jeune âge, parasitent notre rapport au monde.

Ainsi, une grande partie de notre insatisfaction chronique provient du "biais négatif" de notre psyché, cette propension à accorder un poids disproportionné aux événements désagréables ou déplaisants, au détriment de tout ce qui se déroule harmonieusement. Notre mental semble littéralement "câblé" pour détecter et amplifier les moindres aspects inquiétants, au risque de nous rendre aveugles aux innombrables points positifs qui jalonnent notre existence.

De même, nous sommes la proie du "biais de comparaison sociale" qui nous pousse constamment à jalouser et à envier la situation perçue de ceux qui nous entourent au lieu de réaliser la chance qui est la nôtre. Un réflexe d'autant plus néfaste à l'ère des réseaux sociaux nous abreuvant de perpétuelles images idéalisées de vies de rêve.

Mais l'un des pièges les plus insidieux reste notre tendance récurrente au "biais du manque", ce sentiment jamais pleinement satisfait, toujours en quête de la prochaine acquisition, du prochain accomplissement, sans parvenir à savourer ce que nous avons déjà accompli ou acquis. C'est ce mécanisme pervers qui alimente en grande partie l'obsession consumériste moderne.

II. Pratiquer la pleine conscience des petits bonheurs

Pour briser ces cercles vicieux de la pensée négative, la pratique de la pleine conscience constitue à nouveau un outil précieux. En cultivant notre attention sur l'instant présent et les sensations agréables qui le composent, nous apprenons peu à peu à suspendre le flot de nos ruminations intérieures anxieuses ou défaitistes pour nous ancrer dans la réalité vivante de l'ici et maintenant.

Cela pourra passer par de simples exercices d'ancrage des sens, en prenant quelques minutes pour nous imprégner des bruits, des odeurs, couleurs ou sensations tactiles bienveillantes qui nous entourent, tout en pratiquant une respiration lente et profonde. Une parenthèse bénie où notre esprit cesse de se projeter en avant ou de ressasser le passé pour se laisser simplement baigner dans la sérénité de l'instant.

Mais la pleine conscience pourra aussi s'exercer dans nos activités quotidiennes, en nous efforçant de rester pleinement concentrés sur la tâche présente, sans nous laisser distraire par d'incessantes ruminations. Que ce soit lors d'une marche en forêt dont nous apprécions chaque pas, ou pendant un repas où nous savourons consciemment chaque bouchée.

En pratiquant cette attention de tous les instants, nous réapprenons à apprécier la profonde richesse des simples moments qui tissent le fil de nos journées, au lieu de les vivre dans la dispersion et le manque perpétuels. Une redécouverte de la saveur de l'ordinaire, source intarissable de petits bonheurs gratuits.

III. Cultiver la reconnaissance et le recadrage positif

Parallèlement, une autre stratégie puissante pour contrebalancer nos biais négatifs réside dans la pratique régulière d'exercices de gratitude et de recadrage positif sur notre situation. Des rituels simples mais aux effets particulièrement bénéfiques, validés par de nombreuses études en psychologie positive.

Ainsi, le fait de consacrer chaque jour un court moment à énumérer par écrit une liste de motifs de gratitude, aussi humbles soient-ils, contribue à réorienter notre mental vers les aspects favorables de notre condition plutôt que sur les frustrations. Cette reconnaissance des petites joies et des chances dont nous disposons déjà produit une véritable "réinitialisation" salutaire de notre esprit, apaisant par là même notre besoin compulsif de toujours vouloir plus.

De même, l'exercice du "recadrage positif" consiste à repenser consciemment nos difficultés ou contrariétés sous un jour différent, en mettant en lumière ce qu'elles pourraient receler de leçons constructives, de défis stimulants ou d'opportunités de rebond. Plutôt que de se laisser submerger par l'amertume ou l'auto-apitoiement, nous cultivons l'aptitude de notre esprit à identifier les aspects positifs d'une situation délicate, et à en dégager de nouvelles perspectives encourageantes.

Enfin, il peut s'avérer salvateur de prendre régulièrement du recul sur notre situation globale, en réalisant tout ce qui fonctionne de façon harmonieuse dans nos vies quotidiennes : un toit, une alimentation saine, un entourage aimant, une certaine liberté d'action... Autant d'éléments positifs trop souvent occultés par notre ingratitude ambiante, mais qui, lorsqu'on prend conscience de leur valeur, permettent de relativiser nos manques supposés.

En cultivant avec constance ces différentes pratiques d'ancrage dans le positif, nous finissons par inscrire durablement de nouveaux réflexes mentaux vertueux en nous. Notre esprit, patiemment rééduqué, cesse alors de se focaliser uniquement sur le négatif et l'insatisfaction perpétuelle pour s'ouvrir aux bienfaits d'une vision résolument positive et reconnaissante de notre condition. Un changement de perspective qui réduit considérablement le besoin compulsif d'accumulation matérielle, au profit d'une joie simple mais intense à savourer les innombrables richesses gratuites dont nous disposons déjà.

6.3 - L'importance de la reconnaissance et de la gratitude

Dans notre perpétuelle quête de bonheur et d'épanouissement, la capacité à cultiver un état d'esprit empreint de reconnaissance et de gratitude représente un atout majeur, trop souvent négligé. Loin d'être de simples vœux pieux ou des injonctions moralisatrices, ces dispositions positives recèlent en réalité de multiples vertus, validées par les avancées récentes des sciences humaines. En pratiquant la gratitude au quotidien, nous ouvrons la voie à de profondes transformations intérieures et relationnelles, sources d'un bien-être authentique et durable, détaché des illusions consuméristes.

I. Les bienfaits psychologiques de la gratitude

Tout d'abord, de nombreuses études en psychologie positive ont mis en évidence les effets bénéfiques d'un état d'esprit imprégné de gratitude sur notre équilibre mental et notre santé psychique. Ainsi, les travaux pionniers du Pr Robert Emmons à l'Université de Californie ont établi que les personnes pratiquant régulièrement des exercices de reconnaissance consciente de leurs motifs de gratitude, même modestes, présentaient des niveaux significativement inférieurs de stress, d'anxiété et de dépression.

D'autres chercheurs comme le Dr Michael McCollough ont par ailleurs montré que la gratitude favorisait une meilleure estime de soi, une plus grande résilience face aux difficultés, ainsi qu'un renforcement des capacités d'empathie et de bienveillance envers autrui. Une véritable dynamique vertueuse qui contribue à nous extraire des ruminations égoïstes et négatives, sources de tant de souffrances psychologiques.

Mais au-delà de ces apports émotionnels, la gratitude semble également influer positivement sur nos performances cognitives. C'est ce qu'ont mis en lumière les travaux du Dr Glenn Fox, démontrant que les individus cultivant une reconnaissance consciente manifestaient une plus grande patience, une meilleure régulation émotionnelle ainsi qu'une prise de décision plus avisée sur le long terme. Une supériorité attribuée à leur faculté accrue à se concentrer sur l'essentiel sans se laisser distraire par des préoccupations futiles ou anxiogènes.

II. L'impact sur nos relations interpersonnelles

Mais les vertus de la gratitude ne s'arrêtent pas aux seuls bienfaits intérieurs. Elle exerce également des effets hautement bénéfiques sur la qualité de nos relations avec notre entourage familial, amical ou professionnel.

En effet, comme l'a établi le Pr Sara Algoe (Université de Caroline du Nord), exprimer régulièrement notre reconnaissance envers nos proches tend à renforcer les sentiments de connexion, de chaleur et de confiance mutuelle au sein du cercle relationnel. Un climat de bienveillance réciproque qui favorise l'épanouissement de liens profonds et sains, extrêmement précieux pour notre équilibre affectif.

À l'inverse, le Pr Amie Gordon (Université de Californie) a observé que les personnes souffrant d'un déficit chronique de gratitude entretenaient bien plus difficilement leurs amitiés et leurs relations de couple dans la durée. Un constat corroborant le rôle clé joué par cette disposition positive dans le tissu même de nos interactions sociales.

Enfin, la pratique de la gratitude participe grandement à apaiser les potentiels conflits et ressentiments au sein de nos environnements relationnels. En cultivant l'expression de notre reconnaissance, même dans les situations les plus banales, nous entretenons un flot vivifiant d'énergies positives autour de nous, apaisant les tensions et les rancœurs qui minent insidieusement tant de liens humains.

III. Vers un éveil spirituel et une sobriété heureuse

Mais au-delà de ces multiples bénéfices psychologiques et sociaux, l'aptitude à la gratitude recèle encore une dimension spirituelle et philosophique profonde, ouvrant la voie à un cheminement intérieur vers la plénitude et la simplicité vertueuse.

En effet, en s'entraînant à poser un regard émerveillé et reconnaissant sur les merveilles de l'ordinaire qui parsèment nos vies, nous désamorçons progressivement notre obsession maladive pour toujours vouloir plus, toujours accumuler davantage. La contemplation savoureuse des richesses infinies dont nous disposons déjà nous guérit doucement de la soif frénétique et stérile de possession matérielle.

Une paix intérieure qui s'ancre à mesure que nous réalisons combien le véritable trésor d'une existence comblée réside dans ces petits bonheurs gratuits, tissant la trame même de nos journées : la splendeur d'un lever de soleil, la tendresse d'un regard aimé, la fraîcheur d'une gorgée d'eau, le souffle caressant du vent...

En pratiquant avec constance cet émerveillement de la gratitude pour les joies simples de l'existence, nous opérons une véritable transmutation intérieure. Nos esprits jadis alourdis par les poids de l'avidité et des désirs inassouvis se libèrent peu à peu, pour mieux rayonner dans la légèreté d'un cœur apaisé, réconcilié avec l'essentiel.

Une forme de sobriété heureuse, dénuée de frustrations vaines, qui nous permet d'atteindre un état d'épanouissement véritable, loin des mirages trompeurs du consumérisme effréné. Car désormais ancrés dans la pleine saveur du moment présent et la reconnaissance des innombrables petites merveilles qui le composent, nous n'avons plus besoin de fuir en avant dans la course insensée aux possessions matérielles.

Cette gratitude contemplative devient alors la voie royale pour un véritable éveil spirituel, transcendant les illusions de l'ego assoiffé pour mieux nous relier à l'insondable richesse de la Vie dans sa simplicité nue. Une paix profonde qui célèbre l'éternel émerveillement de pouvoir être, ici et maintenant, dans l'humilité bienheureuse des plus humbles des bonheurs.

6.4 - Développer une attitude positive et optimiste

Dans notre parcours vers un épanouissement véritable et durable, adopter une attitude résolument positive et optimiste constitue un levier puissant, trop souvent sous-estimé. Bien plus qu'un simple "bon moral" ou une vision naïvement idéalisée des choses, cette disposition d'esprit recèle des vertus profondes, tant sur le plan personnel que relationnel. Cultiver l'optimisme en nous, malgré les aléas et difficultés inhérents à l'existence, représente une voie royale pour transcender les peurs et accéder à une forme de sérénité et de joie authentiques, loin des illusions éphémères de la consommation effrénée.

I. Déconstruire nos biais cognitifs négatifs

Pour cheminer vers une vision positive, la première étape consiste à prendre conscience des processus mentaux néfastes qui nous entraînent si naturellement dans la spirale de la pensée négative et du catastrophisme. Des schémas de pensée défaitistes que les psychologues qualifient de "biais cognitifs", et qui minent insidieusement notre aptitude à l'optimisme.

L'un des plus insidieux reste notre tendance innée au "biais de négativité", cette propension à accorder un poids mental excessif aux aspects désagréables ou désappointants d'une situation, au détriment de tout ce qui se déroule harmonieusement. Un réflexe lié à nos vieilles peurs archaïques, mais hautement dommageable pour notre équilibre psychique moderne.

De même, le "biais de projection" nous pousse à anticiper systématiquement les pires scénarios, amplifiant démesurément les risques ou périls tout en minimisant les chances de réussite. Une forme d'anxiété paralysante qui entrave notre potentiel et nous prive de nombreuses opportunités enrichissantes.

Enfin, l'un des écueils les plus sournois demeure notre ego blessé, ce "biais de l'attribution", qui nous fait systématiquement rejeter les responsabilités de nos échecs sur les circonstances extérieures plutôt que d'en tirer les leçons constructives.

II. Les multiples bénéfices d'un esprit optimiste

Pour contrer ces réflexes mentaux pernicieux, le déploiement quotidien d'une attitude résolument optimiste et confiante se révèle d'une redoutable efficacité, comme l'ont démontré de nombreuses études en psychologie positive. Loin d'être un simple état d'esprit futile, cette disposition mentale génère en réalité des impacts profonds et vérifiés sur notre bien-être global.

Tout d'abord, un optimisme de fond tend à réduire significativement les niveaux de stress, d'anxiété et de dépression. En demeurant confiants dans notre capacité à surmonter les épreuves, nous diminuons radicalement la charge mentale et l'usure nerveuse qui découlent d'un état de pessimisme chronique.

Mais surtout, adopter une vision positive des choses nous rend plus résistants et persévérants face aux inévitables revers et difficultés jalonnant tout parcours. Comme l'a démontré le Pr Michael Scheier de l'Université Carnegie Mellon, les personnes optimistes récupèrent plus rapidement des échecs en déployant des stratégies actives pour rebondir, au lieu de se résigner passivement.

Un constat renforcé par les travaux du Dr Martin Seligman, qui a établi que l'optimisme favorise un état d'esprit stimulé, curieux et créatif. Une véritable spirale vertueuse où notre motivation à explorer de nouvelles pistes nous ouvre sur davantage d'opportunités de réussite et d'accomplissement.

Enfin, de multiples études ont mis en évidence les effets bénéfiques d'un optimisme sain sur notre santé physique elle-même. En conservant notre sérénité face au stress, nous préservons mieux notre système immunitaire et notre équilibre cardiovasculaire. Des bienfaits appréciables sur le long terme.

III. Cultiver une vision optimiste du monde

Mais alors, comment développer sur la durée cette précieuse faculté mentale ? Si certains ont la chance d'être naturellement enclins à l'optimisme, il existe heureusement de nombreuses pratiques accessibles pour en cultiver peu à peu les ressorts profonds.

L'une des démarches les plus simples et puissantes consiste à questionner régulièrement nos schémas de pensée négatifs récurrents, en les confrontant systématiquement à une perspective plus positive et nuancée. Se forcer à identifier les aspects favorables, les opportunités ou les progrès réalisés dans chaque situation contrariante constitue à la fois un exercice salvateur et un véritable entraînement mental.

Dans le même ordre d'idée, pratiquer le "recadrage positif" en imaginant comment nous pourrions rebondir avec créativité sur nos difficultés renforce considérablement notre résilience optimiste. Au lieu de nous apitoyer sur notre sort, nous apprenons à transmuter les obstacles en défis stimulants porteurs de croissance intérieure.

Une autre voie royale demeure la pratique de la gratitude, en prenant le temps chaque jour de dresser la liste des petits bonheurs dont nous disposons déjà. Cette reconnaissance des richesses simples mais essentielles de notre existence nourrit une forme d'optimisme sage et apaisé, délesté des désirs névrotiques d'accumulation matérielle.

Enfin, il s'avère précieux d'entretenir notre inspiration optimiste en nous entourant de personnes, lectures ou autres sources positives qui nous élèvent au lieu de nous démoraliser. Une forme de nourriture mentale saine qui préserve la flamme vive de notre confiance en la vie, même dans les heures sombres.

En persévérant avec constance dans ces différentes pratiques, nous finissons par ancrer en nous une disposition optimiste, stable et durable. Un état d'esprit confiant, nourri d'une sérénité profonde plutôt que d'une naïve insouciance. Nous accédons à la paix d'une vision résolument positive, réconciliée avec les aléas inévitables de l'existence.

Une forme de sagesse existentielle, qui célèbre la saveur du moment présent plutôt que de se projeter dans d'interminables angoisses stériles. Un optimisme lumineux et ancré qui, loin des illusions éphémères, se fonde sur une espérance raisonnée et une joie sans faille à cheminer en toute conscience sur les routes incertaines mais grisantes de la vie.

6.5 - Les pratiques de gratitude : tenir un journal de gratitude, exprimer sa gratitude aux autres

Dans notre cheminement vers un épanouissement durable et véritable, la gratitude représente un formidable levier, trop souvent négligé. Loin d'être une simple formule convenue, le fait de cultiver une reconnaissance sincère et constante pour les bienfaits dont nous disposons, aussi humbles soient-ils, recèle de profondes vertus, validées par les sciences humaines. En intégrant des rituels de gratitude dans notre vie quotidienne, nous ouvrons la voie à de multiples bienfaits psychologiques, relationnels et même spirituels, nous libérant peu à peu de l'obsession stérile de l'accumulation matérielle pour mieux savourer l'essentiel.

I. Le journal de gratitude, une pratique fondamentale

L'un des exercices les plus simples mais puissants pour ancrer la gratitude en soi réside dans la tenue assidue d'un journal dédié à cette intention. Un outil de développement personnel prisé par de nombreux psychologues, philosophes et enseignants spirituels à travers les âges.

Son principe ? Chaque jour, ou du moins plusieurs fois par semaine, nous prenons quelques minutes pour consigner par écrit une liste d'éléments, même modestes, qui ont fait naître en nous un sentiment de reconnaissance au cours des dernières heures. Qu'il s'agisse d'un petit événement plaisant, d'une attention particulière d'un proche, d'un paysage apaisant aperçu au détour d'une rue, ou d'un simple bon repas savouré avec délice...

Ce relevé régulier des joyeusetés gratuites parsemant nos vies tend à opérer une profonde "remise à zéro" de notre mental, trop souvent embourbé dans la frénésie de vouloir toujours plus. Conscients de ces innombrables "petits riens" positifs qui émaillent en réalité nos quotidiens, nous apprenons à ouvrir nos yeux sur l'immense richesse de l'essentiel dont nous disposons déjà.

Progressivement, au fil des semaines, ce précieux exercice instille en nous de nouvelles habitudes mentales vertueuses. Nous devenons plus réceptifs et sensibles aux signaux de gratitude qui jalonnent nos jours, notre radar intérieur se reprogramme pour détecter en premier lieu les aspects favorables et bienveillants de nos réalités. Une belle perle de sagesse pour relativiser nos contrariétés passagères.

II. L'art de l'expression de reconnaissance

Mais pour décupler l'impact de cette pratique bienfaisante, une autre modalité, tout aussi accessible, consiste à exprimer directement notre gratitude à son intention première. Plutôt que de la garder lettre morte dans notre journal, nous prenons le temps de dire, ou mieux, de montrer authentiquement notre reconnaissance à la personne ou la source qui en est à l'origine.

Car comme l'ont révélé de nombreuses recherches en psychologie positive, la manifestation explicite de gratitude, verbale ou écrite, à l'endroit de nos proches tend à renforcer de façon significative la qualité des liens et le climat général de bienveillance et de confiance régnant au sein de nos cercles relationnels.

Qu'il s'agisse d'un simple merci chaleureux adressé à un ami pour un geste aimable, ou de l'écriture d'une lettre de gratitude détaillée à l'intention d'une personne qui nous est chère, ces actes d'expression consciente de notre reconnaissance activent de puissantes dynamiques positives dans nos interactions. De la chaleur humaine qui régénère nos vies affectives et relationnelles.

Mais au-delà du cercle intime, apprendre à extérioriser notre gratitude représente une formidable clé pour apaiser et fluidifier notre environnement de vie dans sa globalité. En cultivant l'habitude de remercier sincèrement les personnes qui facilitent notre quotidien - qu'il s'agisse de la caissière aimable, du livreur serviable ou du voisin attentionné - nous insufflons comme une brise d'air frais, désamorçant les tensions et dissipant les potentielles frustrations avant qu'elles ne dégénèrent.

Une attitude rayonnante qui participe grandement à créer autour de nous un espace harmonieux et apaisé, peu à peu délesté des rancœurs négatives et des stress improductifs. Un véritable cercle vertueux où notre gratitude exprimée de bon cœur appelle d'autres réponses bienveillantes en retour, dans un flot d'énergies positives mutuellement régénérantes.

III. De la gratitude individuelle à l'éveil collectif

Mais au-delà des bienfaits psychologiques et relationnels patents de ces pratiques de reconnaissance, leur portée spirituelle et philosophique demeure essentielle. Car loin d'être un simple exercice de développement personnel, la gratitude nous ouvre la voie d'une profonde sagesse existentielle, conviant à une véritable mutation de conscience.

En effet, en cultivant nos facultés d'émerveillement et de gratitude pour les innombrables cadeaux dont nous gratifie la vie à chaque instant, nous désactivons progressivement les schémas mentaux toxiques qui nourrissaient notre obsession névrotique à toujours désirer davantage. Nous accomplissons ainsi une véritable transmutation au plus profond de notre être.

Désormais, nos esprits focalisés jusqu'alors sur l'insatisfaction chronique commencent à s'éveiller à l'infinie richesse dont nous disposons déjà. Toute cette beauté, cette splendeur, ces trésors gratuits qui nous cernent de toutes parts mais que notre myopie matérialiste nous avait rendus aveugles à leur évidence bouleversante.

C'est alors comme si un voile se déchirait sur le monde, nous faisant réaliser que le véritable luxe se trouve dans ces petits bonheurs simples mais essentiels qui scintillent à chaque seconde de nos vies : le sourire d'un enfant, la caresse d'une brise, l'odeur d'une fleur, le chant d'un oiseau... Une grâce infinie qui seule importe, et qui était là, sous nos yeux ébahis depuis toujours.

La pratique assidue de la gratitude vient ainsi dissiper les dernières brumes de nos illusions égotiques pour faire naître en nous un éveil à la saveur indicible de l'instant, dans toute sa nudité sacrée. Une renaissance à l'émerveillement de l'être, émerveillé par le pur miracle de pouvoir exister, ici et maintenant, au cœur de l'insondable danse de la vie.

C'est ainsi que de cette gratitude individuelle cultivée avec humilité et persévérance peut émerger une véritable prise de conscience collective, un mouvement d'éveil et de retour à l'essentiel pour l'humanité tout entière. La promesse d'un monde réenchanté, réconcilié avec la plénitude de la simplicité fondamentale, où l'âme pourra enfin se délecter de la saveur infinie des bonheurs véritables.

6.6 - Exercices pratiques pour cultiver la gratitude

Si les bienfaits de cultiver la gratitude dans nos vies ne sont plus à démontrer, encore faut-il disposer d'outils concrets pour intégrer efficacement cette disposition d'esprit dans nos quotidiens chargés. Loin d'être une simple injonction théorique, de nombreux exercices pratiques inspirés des avancées en psychologie positive et en développement personnel nous permettent d'ancrer pas à pas ces précieuses habitudes mentales vertueuses. Des rituels accessibles à tous, à expérimenter avec persévérance pour en goûter les fruits vivifiants.

I. Le journal de reconnaissance, un indispensable compagnon

L'une des pratiques les plus puissantes, et sans doute la plus connue, demeure la tenue assidue d'un "journal de gratitude". Un exercice d'une simplicité désarmante mais aux effets considérables sur notre état d'esprit général.

Le principe ? Chaque jour, ou au minimum plusieurs fois par semaine, nous prenons quelques minutes pour consigner par écrit une liste des éléments positifs, même modestes, qui ont jalonné les dernières heures. Des moments savoureux, des rencontres bienveillantes, des petits bonheurs gratuits... Tout ce qui fait naître en nous un sentiment d'apaisement et de reconnaissance.

Au fil des semaines, ce précieux rituel nous entraîne à développer un "radar de gratitude" toujours plus affûté. Notre attention, formatée jusqu'alors pour détecter en premier les motifs d'insatisfaction, s'ajuste pour capter davantage les signaux positifs qui émaillent naturellement nos réalités. Une "remise à zéro" salutaire de nos schémas mentaux déprimés.

Mieux encore, cette discipline régulière ancre en profondeur de nouvelles habitudes cérébrales vertueuses. Notre mental autrefois englouti dans les pensées récurrentes de manque se réoriente sur la plénitude de l'instant, les richesses essentielles qui affleurent sous nos yeux éblouis. Une libération de l'obsession stérile à désirer toujours plus.

II. Exprimer sa reconnaissance, un art à cultiver

Mais pour décupler l'impact de ce rituel salvateur, rien ne vaut l'expression directe et consciencieuse de notre gratitude à son intention première. Une modalité souvent négligée, mais au potentiel considérable pour insuffler une énergie positive durable dans nos vies.

L'exercice consiste simplement à prendre le temps, à intervalles réguliers, de manifester ouvertement notre reconnaissance à l'égard d'une personne, ou même d'un élément naturel, qui en est la source. Par un mot chaleureux, un geste attentionné ou, idéalement, via une lettre écrite de vive voix.

Car comme l'ont révélé de nombreuses études, cette expression volontaire de gratitude active de puissantes dynamiques positives au sein de notre sphère relationnelle. Des énergies apaisantes qui renforcent les liens de bienveillance, de confiance et de chaleur humaine avec notre entourage intime comme élargi.

Remercier sincèrement un proche pour son soutien indéfectible. Exprimer sa reconnaissance à un collègue pour son dévouement discret. Adresser quelques mots touchants à l'employé au sourire aimable qui égaye nos journées... Autant de gestes simples mais vivifiants qui participent à créer une bulle d'harmonie autour de nous.

III. Découvrir la gratitude des sens

Pour approfondir encore notre ressenti de la gratitude au fil des jours, une autre piste féconde réside dans la (re)découverte des plaisirs immédiats que nous offrent nos sens au contact du monde environnant.

Un exercice de pleine conscience particulièrement savoureux consiste, lors d'un repas, à déguster chaque bouchée avec une attention entière, en appréciant les parfums, les textures, les saveurs qui flattent délicieusement nos papilles gustatives. Un petit bonheur terrestre à savourer lentement, presque rituellement, en laissant naître la reconnaissance pour ce régal savoureux.

De même, nous pourrons pratiquer une dégustation attentive et savoureuse de nos autres sens. En respirant profondément les effluves d'un parc, d'une rose ou d'une tasse de café chaud. En savourant le velours d'une étoffe, la douceur d'une caresse, les nuances d'une mélodie... Autant de petits instants précieux pour célébrer l'émerveillement d'être vivant, ici et maintenant.

Cette (re)connexion aux simples plaisirs sensoriels vient, elle aussi, régénérer notre capacité à l'émerveillement. En éveil et réceptivité aux richesses infinies dont nous gratifie perpétuellement la vie, tout autour de nous. Un ressourcement essentiel, par les sens, aux sources vives de la gratitude.

IV. Rythmer notre journée avec la reconnaissance

Enfin, pour intégrer cette disposition d'esprit positive dans la trame même de nos vies mouvementées, rien ne vaut l'adoption de quelques rituels quotidiens destinés à rythmer nos journées par la reconnaissance.

Dès le réveil par exemple, nous prendrons l'habitude, avant même de quitter le lit, d'égrener mentalement ou à voix haute les motifs de gratitude qui nous viennent pour la nouvelle journée à venir. Un exercice de recueillement régénérant pour aborder le jour avec sérénité et optimisme.

De même, les temps "morts" comme les trajets, la douche ou les queues d'attente pourront se transformer en instants propices pour un petit ressourcement intérieur en mode "gratitude". Par quelques respirations profondes, une courte méditation ou une énumération mentale de ce qui va bien dans ce moment. Des réflexes vite acquis pour ne plus subir mais savourer ces instants parfois désœuvrés.

L'avant-sommeil représente lui aussi une fenêtre précieuse pour boucler la journée en beauté. En se remémorant avec une sincère reconnaissance tous les petits bonheurs, ou même les leçons fécondes reçues au fil des dernières heures. Un délicieux rituel permettant de s'endormir l'esprit léger et en paix.

De précieuses ponctuations de conscience et de gratitude, semées dans le cours naturel de nos journées bien remplies, mais porteuses d'une transformation intérieure en douceur. Car c'est en répétant ces gestes simples, encore et encore, que nous finirons par transposer la grâce de la reconnaissance dans la trame même de nos existences. Une véritable voie de sagesse, chemin initiatique vers l'essentiel, humblement référencé dans chacun de nos instants précieux.

Chapitre 7 : Investir dans ses Relations et ses Passions

Au cœur de la quête de sens et d'accomplissement que représente le voyage initiatique vers notre plein épanouissement, nos relations humaines et nos aspirations profondes occupent une place d'une importance capitale. Ces deux sphères essentielles reflètent en réalité les deux faces d'une même pièce, incarnant chacune un pan essentiel de notre être intime.

D'un côté, nos liens sociaux, amicaux ou amoureux révèlent notre soif fondamentale d'attachement, de reconnaissance et d'échanges bienveillants avec nos semblables. Un besoin universel de se sentir aimé, estimé et "chez soi" auprès d'une tribu réconfortante, dans laquelle épanouir notre part de reliance.

Mais à l'autre versant réside notre part plus individuelle, singulière, celle des passions, aspirations et projets qui font vibrer notre étincelle créatrice. Cet appel irrépressible de l'âme à se transcender, à concrétiser ses rêves les plus fous, à laisser une marque unique dans l'immense danse de la vie.

Loin d'être contradictoires, ces deux mouvances se nourrissent en réalité mutuellement. Car les relations saines et épanouissantes viennent soutenir nos élans et nous donner l'énergie vitale pour déployer nos ailes. Tandis que la poursuite passionnée de nos rêves les plus fous insuffle sens, lumière et rayonnement pour nourrir nos interactions d'une flamme renouvelée.

Dès lors, le défi pour accéder à un épanouissement véritable réside dans notre capacité à cultiver ces deux domaines cruciaux de façon équilibrée et harmonieuse. En impulsant un mouvement vertueux où nos connexions relationnelles riches et profondes nous permettent de déployer nos aspirations, tandis que leurs réalisations exaltantes viennent en retour régénérer nos liens d'une nouvelle vigueur créatrice.

I. Le pouvoir régénérant des relations nourrissantes

S'il est une leçon précieuse que nous délivrent les grands sages à travers les âges, c'est bien celle de la valeur inestimable des relations humaines profondes et bienveillantes comme source de force vive inépuisable.

Car au-delà des échanges de bons procédés ou du simple réconfort affectif, les vrais liens nourrissants permettent un partage d'âme à âme qui fait jaillir l'étincelle de vie en chacun. Que ce soit au sein de la cellule familiale, d'un cercle d'amis complices ou d'une relation amoureuse épanouie, cette interconnexion sincère avec nos semblables réconforte notre sentiment d'appartenance essentiel au monde.

Mais plus encore, les relations saines représentent un terreau fertile pour nous aider à croître et à déployer le meilleur de nous-mêmes. Une forme de miroir tendre et exigeant à la fois, où nous puisons le courage d'explorer nos zones d'ombres sans jugement, tout en étant encouragés à révéler l'éclat singulier de nos forces vives.

Ainsi, entouré d'un écosystème relationnel sain et réconfortant, le jardin intérieur de notre être profond se voit arrosé des nutriments indispensables pour s'épanouir en beauté : la confiance, l'inspiration mutuelle, la bienveillance, le défi stimulant et l'inoxydable soutien dans l'adversité. Un ancrage vitalisant qui, loin de nous détourner de nos rêves, nous insuffle l'énergie renaissante pour les réaliser dans la joie.

II. Le souffle ardent des passions libératrices

Mais aussi cruciales que soient ces attaches émotionnelles pour notre équilibre psychique, elles ne représentent qu'un pan de l'expérience humaine. À leur côté brûle le feu sacré des passions, de ces élans instinctifs et créateurs de l'âme, sommets de liberté pure où s'expriment pleinement nos singularités.

Semblables à des comètes échevelées, ces aspirations profondes qui nous traversent dessinent des sillages d'espoir et de renouveau à travers nos vies. Que ce soit la soif d'aventure, la vocation artistique, le désir d'entreprendre ou d'inventer, chacune recèle la promesse d'un accomplissement transcendant, dépassant les limites de notre condition.

Bien loin des désirs consuméristes éphémères, ces élans vitaux surgissent des sources les plus mystérieuses et créatrices de notre être. Ils nous rappellent avec ferveur que nous ne sommes pas que des jouets du hasard, mais de potentiels co-créateurs d'un monde neuf, toujours plus vaste et lumineux.

Dès lors, en déployant nos ailes sur la trajectoire de ces flammes intérieures, nous ressuscitons en nous les énergies vives et l'audace de nos jeunesses lorsque tout nous semblait encore accessible. Nous déverrouillons ces réservoirs insoupçonnés d'ardeur et de puissance créatrice pour réaliser enfin ces rêves qui nous consumaient en secret.

C'est ainsi que nos passions les plus folles deviennent de véritables phares éclairant les méandres de notre destinée. En les poursuivant avec abnégation, nous insufflons un rayonnement intense à nos existences et finissons par imprimer au monde notre marque singulière d'étoiles filantes, avant de rejoindre l'immensité cosmique dans un ultime embrasement.

7.1 - Le lien entre relations sociales et bien-être

Si l'influence des relations amicales, familiales et amoureuses sur notre équilibre émotionnel semble intuitivement évidente, de nombreuses études scientifiques sont venues confirmer l'importance cruciale de cet aspect dans la quête d'une vie épanouie. Loin d'être un simple bonus agréable, l'entretien de liens sociaux riches et nourrissants représenterait en réalité un déterminant majeur de notre bien-être psychologique global et même de notre santé physique. Un facteur clé trop souvent négligé, dont les implications profondes méritent d'être mieux cernées.

I. Des liens affectifs robustes protègent notre équilibre psychique

Depuis le célèbre concept de "soutien social" défini en 1976, la recherche en psychologie s'est penchée avec attention sur les effets salvateurs des connexions interpersonnelles solides sur notre santé mentale au quotidien.

De multiples travaux ont ainsi établi que la présence d'un entourage émotionnel stable et bienveillant, sur lequel compter en cas de difficultés, représentait un puissant rempart contre les risques de stress chronique, de dépression ou d'anxiété. À l'inverse, l'isolement affectif prolongé s'avère un terreau propice à l'émergence de troubles psychologiques parfois sévères.

Mais au-delà de ce rôle protecteur crucial du "cocon" relationnel face aux turbulences de la vie, les chercheurs ont mis en lumière une dimension positive décisive : celle de ressentir un sentiment profond d'appartenance et de reconnaissance au sein d'un groupe solidaire. Un besoin universel qui, lorsqu'il est comblé, devient source intarissable de confiance en soi, d'estime de soi et d'énergie vive pour affronter les défis avec sérénité.

À l'opposé, le manque chronique de valorisation et d'affiliation socialisante se révèle délétère pour la santé psychique, favorisant une fragilisation de l'individu pouvant conduire jusqu'à des risques graves de dépression sévère. D'où l'impérieuse nécessité de développer et d'entretenir des cercles de proches réconfortants tout au long de notre vie.

II. Des effets concrets sur la santé physique

Mais au-delà de ces impacts notables sur la sphère psy, les retombées favorables des relations sociales positives sur le corps physique ont été largement documentées par la science.

Ainsi, les personnes bénéficiant d'un bon niveau de relations positives et satisfaisantes présentent en moyenne un système immunitaire plus robuste et une meilleure faculté de récupération après des maladies ou des interventions chirurgicales.

À l'inverse, l'isolement social persistant privilégie l'émergence de problèmes de santé chroniques comme les troubles cardiovasculaires, certains cancers ou l'obésité. Un phénomène dû notamment au relâchement récurrent vers des comportements délétères (tabac, alimentation déséquilibrée, inactivité, etc.) en l'absence de "garde-fous" relationnels bienveillants.

Même notre espérance de vie serait directement affectée par la qualité de notre réseau social ! Plusieurs études longitudinales ont établi des corrélations étroites entre un faible niveau de relations positives durant la vie adulte et des risques accrus de mortalité prématurée. Des constats alarmants confirmés particulièrement par une méta-analyse portant sur plus de 300 000 individus.

Ce lien solide entre présence de liens sociaux gratifiants et santé globale proviendrait de l'activation de multiples facteurs bénéfiques. Outre les effets "psychologiques" d'un moral élevé, de la confiance en soi et de la motivation à adopter des comportements sains, les interactions sociales positives stimuleraient des mécanismes de régulation du stress, de l'inflammation ou encore l'expression de gènes contribuant à la longévité.

III. Des clés pour nouer des relations épanouissantes

Face à de tels enjeux vitaux, il apparaît primordial de développer notre habileté à construire et à pérenniser des connexions sociales authentiques, à la mesure de nos aspirations.

Bien que les cercles familiaux et amicaux "historiques" représentent souvent le premier socle de ce réseau affectif, une dynamique de renouvellement régulier s'avère cruciale. Se lier avec de nouveaux individus partageant nos centres d'intérêt tout en conservant des liens choisis avec notre passé : une quête d'équilibre sans cesse renouvelée.

Pour favoriser l'éclosion de réelles connexions enrichissantes, la recherche en psychologie sociale souligne quelques principes majeurs. Avant tout, la pratique de l'écoute active, de l'empathie et de l'ouverture d'esprit crée un terreau favorable aux confiances mutuelles. De même, adopter une posture authentique et vulnérable, dévoilant avec douceur nos parts d'ombre comme de lumière, facilite grandement la profondeur des liens créés.

Enfin, soigner nos capacités de communication en prenant soin d'exprimer avec bienveillance nos besoins relationnels, nos attentes mais aussi nos limites représentent une clé indispensable. Pour nouer des relations sereines et réciproques, mais aussi savoir renoncer avec sagesse aux connectés devenue toxiques ou stériles pour notre cheminement.

Car l'art des relations demeure une danse d'équilibriste, où il s'agit de déployer avec pondération toute la richesse de notre âme, tout en préservant notre souveraineté intérieure. Une quête d'épanouissement perpétuelle, où nos liens vibrants deviennent autant de phares éclatants pour éclairer nos routes sinueuses.

7.2 - Cultiver des relations authentiques et enrichissantes

Au cœur de la quête immémoriale du bonheur authentique, le domaine de nos relations humaines occupe une place fondamentale. Car au-delà des biens matériels éphémères, la qualité de nos liens profonds avec nos proches représente un trésor d'une valeur inestimable, une source intarissable d'épanouissement, de réconfort et de sens tout au long de notre parcours terrestre. Pourtant, l'art délicat d'entretenir de véritables connections nourrissantes et mutuellement enrichissantes demeure un défi de tous les instants. Un chemin d'éveil exigeant toute notre attention consciente pour en goûter les fruits savoureux.

I. Déconstruire nos schémas relationnels dysfonctionnels

Avant toute chose, le principal obstacle à franchir pour créer des liens sains et épanouissants réside souvent en nous-mêmes. Nos propres croyances et nos conditionnements issus de l'enfance, susceptibles de perpétuer de néfastes habitudes relationnelles sans même que nous en ayons conscience.

Il peut s'agir par exemple d'un manque de confiance en soi ancré, nous empêchant d'investir pleinement nos relations. Ou encore d'un schéma de pensée rigide où nous répétons indéfiniment les mêmes dynamiques insatisfaisantes, sans oser revendiquer avec douceur nos besoins essentiels. Pire, certains préjugés inconscients peuvent même teinter nos interactions de peurs ou de méfiances irrationnelles à l'égard des autres.

Une patiente introspection, appuyée au besoin par un travail sur soi ciblé (thérapie, développement personnel, etc.), s'avère alors un préalable indispensable. Pour identifier et déconstruire ces croyances et ces comportements limitants, afin de se délester de ces "carcans" toxiques hérités du passé. Un premier pas délicat mais nécessaire pour se rendre enfin disponible à tisser de réelles connexions authentiques.

II. Développer l'écoute active et l'empathie

Une fois ces "lessives" intérieures effectuées, la prochaine clé pour favoriser des relations profondes et gratifiantes demeure le développement assidu de nos facultés d'écoute et d'empathie. Des talents souvent négligés, mais au potentiel transformateur incomparable pour insuffler un nouveau souffle vivant à nos interactions.

Loin du simple fait de rester silencieux lorsque l'autre s'exprime, la pratique de l'écoute active implique avant tout de se départir de nos "filtres" mentaux déformants (jugements hâtifs, projections, solution toute prête, etc.). Pour se rendre enfin disponible à l'autre dans sa globalité, sans le refermer sur nos propres cadres de référence.

Une écoute active se reconnaît à notre aptitude à accueillir le ressenti et le point de vue de l'autre avec une curiosité et une ouverture totale. En adoptant une posture chaleureuse mais dénuée d'attentes préconçues, nous créons un espace de liberté propice au déploiement de son authenticité profonde. Une mise entre parenthèses de nos "béquilles" égocentriques pour être enfin totalement présent et réceptif.

Se lâcher-prise des schémas familiers nous autorise alors à développer une réelle compréhension empathique de l'expérience d'autrui, si différente soit-elle de la nôtre. Et c'est précisément dans cet accueil inconditionnel de l'altérité que se forgent les liens réparateurs où l'autre, enfin écouté et validé, peut s'épanouir en confiance.

III. Exprimer son authenticité dans la vulnérabilité

Mais pour que ce terreau fertile de l'écoute régénère des relations vibrantes et profondes, il importe bien sûr d'y associer un dévoilement respectueux de notre propre vulnérabilité. Car c'est à ce prix que nous pourrons insuffler une réciprocité saine où s'exprimeront les vérités essentielles de nos êtres.

Ici encore, la spontanéité de l'enfance, si précieuse, peut nous servir de guide lumineux pour réapprendre à révéler sans fard nos parts les plus intimes. Nos élans de joie, nos peines secrètes, nos aspirations les plus folles, nos fragilités sous le vernis social... Autant de facettes de notre humanité qu'il importe de dévoiler avec une humble audace, pour permettre une connaissance mutuelle approfondie.

Loin de la mise en scène artificielle, cette transparence réside dans la capacité à exprimer nos émotions, nos pensées et nos frontières personnelles avec une vulnérabilité authentique. Non pour provoquer la pitié mais bien pour établir un cercle vertueux de confiance réciproque où les masques tombent enfin.

La retenue excessive engendre la méfiance. Mais la trop grande proximité relationnelle étouffante peut tuer aussi sûrement les liens véritables. La voie de l'équilibre réside dans cette danse subtile où se mêlent dévoilement mesuré et respect des espaces inviolables de chacun.

IV. L'art de la communication bienveillante

Pour cheminer avec grâce sur ces sentiers délicats, rien ne peut suppléer au long travail d'intégration des aptitudes de communication saine et respectueuse. Tant dans la formulation que dans l'écoute, la bienveillance, le non-jugement et la recherche de la compréhension mutuelle représentent des phares indispensables pour donner corps à nos aspirations relationnelles les plus nobles.

Apprendre à reformuler avec doigté mais fermeté nos besoins, nos limites, sans acrimonie ni agressivité passive. Adopter une attitude chaleureuse, dénuée de toute condescendance, pour valider les ressentis des autres avec empathie. Pratiquer la respiration et le lâcher-prise pour transformer les tensions en opportunités de clarification respectueuse. Autant d'efforts perpétuels qui feront de nous des canaux toujours plus transparents pour la floraison des liens régénérants et apaisés.

Car au bout du chemin, ces précieuses aptitudes relationnelles offriront à nos rapports sociaux, familiaux, amicaux ou amoureux, la profondeur et la sérénité dont nous rêvons tant. L'occasion de créer ces cocons de confiance indéfectibles, où chacun trouve la liberté de dévoiler ses parts de lumière, tout en sachant ses zones d'ombre aimées et comprises. Un terreau fertile pour un épanouissement conjoint dans la réciprocité, la tendresse et le respect mutuel indéfectibles.

7.3 - Développer ses passions et ses talents

Au-delà des liens sociaux indispensables à notre équilibre, une autre sphère essentielle à l'épanouissement complet réside dans le déploiement et la concrétisation de nos passions les plus ardentes. Ces élans vitaux profonds qui nous animent et insufflent un sens renouvelé à nos existences. Loin des simples loisirs réconfortants, ces aspirations singulières qui nous traversent incarnent les souhaits les plus flamboyants de notre âme créatrice. Leur réalisation patiente et exaltante devient alors une source intarissable de joie, d'accomplissement et de rayonnement. Pour autant, le chemin ardu vers leur concrétisation exige de nous une somme d'efforts, de persévérance et de remise en question permanente.

I. Identifier et accepter ses aspirations profondes

La première étape cruciale avant d'envisager l'éclosion de ses passions réside dans la capacité à les reconnaître et à les accueillir sans préjugés. Une démarche qui peut sembler évidente mais qui se heurte bien souvent à nos multiples conditionnements et peurs inconscientes.

D'innombrables freins psychologiques sont à l'œuvre pour nous détourner de ces élans instinctifs : manque d'estime de soi, doutes sur nos compétences, peurs irrationnelles de l'échec ou du changement, jugements de l'entourage, manque de temps et d'énergie, etc. Autant d'obstacles tapis dans l'ombre qui œuvre sournoisement à disqualifier d'emblée nos rêves les plus fous.

Un travail d'introspection bienveillante s'avère alors indispensable pour apprendre à identifier et à accueillir sans les juger nos vibrations intérieures les plus spontanées. Qu'elles prennent la forme d'un attrait irrépressible pour un art, un sport, une activité manuelle, une carrière ou tout autre champ d'expression, l'essentiel consiste à les observer avec attention. Les considérer comme de véritables révélations de notre essence profonde, avant de se précipiter pour en évaluer la pertinence sociale ou économique.

Une fois ces aspirations dévoilées, il s'agit alors de les embrasser avec audace tout en clarifiant leur nature réelle. Passion ponctuelle ? Vocation existentielle ? Don naturel à cultiver ? Chacune de ces voies exige de prendre en compte nos réalités propres avant de s'engager inconsidérément. Mais dans tous les cas, se donner cette chance de considérer sérieusement leurs promesses d'accomplissement représentent la clé d'une vie vibrante et transcendée.

II. S'engager concrètement dans un parcours d'incarnation

Une fois nos aspirations clairement identifiées et assumées, vient le temps de les concrétiser progressivement. Bien loin de l'image romantique des vocations survenant par magie, ce chemin obligeant implique de conjuguer de multiples qualités pour dépasser avec persévérance nos propres limites.

Avant toute chose, engager des efforts soutenus pour développer activement nos compétences et nos savoirs dans le champ choisi représente la clé de voûte de la réussite. Que ce soit par des formations spécifiques, un mentorat avec des experts ou la ténacité dans la pratique, ce patient labeur garantira une véritable maîtrise progressive.

Mais au-delà du seul aspect technique, cultiver des dispositions mentales et comportementales essentielles s'avère tout aussi crucial. Apprendre à embrasser une perspective de long terme en évitant les découragements passagers. Se fixer des objectifs stimulants mais réalistes. Développer sa créativité pour renouveler sans cesse son approche et sortir des ornières mentales. Enfin, apprivoiser l'esprit critique essentiel pour déceler ses zones de progrès tout en préservant sa motivation intacte.

Cette voie exigeante implique bien souvent de multiples remises en question et dépassements de nos propres freins psychologiques. Un défi enthousiasmant mais intense, nécessitant de puiser dans ses réserves d'énergie et de persévérance pour dépasser les inévitables moments d'adversité avec sérénité.

III. Intégrer pleinement sa passion dans son existence

Mais ce chemin de culture d'une passion ne serait complet sans englober une réflexion approfondie sur son articulation globale dans notre existence. Car une fois le cheminement suffisamment avancé, la nécessité se fait jour de définir un modèle de vie viable en phase avec cette nouvelle part de nous.

Dans un premier temps, concilier harmonieusement les sphères du travail, des relations et des loisirs avec nos aspirations précieuses représentent un défi majeur, évitant ainsi tout déséquilibre dommageable. Développer ses talents en parallèle d'une carrière établie peut s'avérer une approche pertinente pour maintenir revenus et accomplissements bien distincts. Tandis qu'une reconversion professionnelle totalement alignée sur sa voie pourra constituer la clé d'une pleine expression pour d'autres.

Au-delà du cadre concret, la quête d'un sens général à insuffler à notre existence dans son ensemble se révèle également essentielle. Définir les valeurs, la vision, les priorités qui donneront à cette passion toute sa dimension de réalisation personnelle. Et résolument l'intégrer dans la continuité biographique de notre cheminement, comme un accomplissement jouissif plutôt qu'une segmentation artificielle de notre parcours.

Car en dernier lieu, la véritable réussite ne résiderait pas tant dans une accumulation de succès séparés que dans cette capacité à insuffler un sens global à nos efforts. Faire de nos passions une extension vibrante de notre être profond, joyeusement déployée au fil de nos existences pour illuminer de leur flamme ardente chacune de nos réalisations et de nos relations.

7.4 - Trouver du sens et de la satisfaction dans ses activités

Pour atteindre cet idéal d'une vie comblée, empreinte de joie et d'accomplissement profond, l'un des défis majeurs réside dans notre possibilité à insuffler un sens et une réelle satisfaction dans les activités qui rythment nos journées. Qu'il s'agisse du travail, des tâches domestiques, des loisirs ou des simples gestes du quotidien, redécouvrir la saveur d'un engagement conscient et enthousiasmant représente un art subtil, mais une clé majeure pour transformer notre existence en une véritable célébration.

I. Se reconnecter à sa motivation intrinsèque

Dans notre société contemporaine où la course à la productivité et la fragmentation des tâches ont érigé l'efficacité en nouvelle religion, il n'est pas rare de se retrouver déconnecté de toute forme d'implication profonde lors de nos activités. Un phénomène de "pilotage automatique" où l'on se contente d'exécuter mécaniquement des actes vidés de leur substance, telle une suite de cases à cocher sans âme.

Pour retrouver la capacité à s'investir avec passion, la première étape cruciale consiste à réapprendre à identifier et à valoriser nos motivations intrinsèques réelles. C'est-à-dire ces élans naturels, ces aspirations personnelles profondes qui transcendent les simples récompenses extérieures comme l'argent, le statut ou les félicitations d'autrui.

Plutôt qu'un acquiescement machinal aux exigences de la société, il s'agit alors de clarifier nos propres raisons d'agir, en phase avec nos valeurs personnelles, nos forces et nos buts existentiels. Un travail sur soi indispensable pour renouer avec ces pulsions intérieures qui insufflent de la vigueur, de l'enthousiasme et donc de la qualité dans l'accomplissement de nos diverses activités.

II. Cultiver la pleine conscience et l'implication dans l'instant présent

Une fois cette connexion au "pourquoi" de nos actions restaurées, le prochain défi pour trouver une véritable satisfaction consiste à développer notre présence attentive et notre engagement total dans la tâche elle-même. Une capacité de plongeon dans l'instant présent, sans distraction ni jugement, propice au déploiement de toutes nos facultés dans un état de flux régénérant.

Loin d'une focalisation anxiogène de nos pensées sur le futur ou les résultats à obtenir, la pleine conscience invite à une immersion complète dans le "faire", dans le geste en train de s'accomplir ici et maintenant. Qu'il s'agisse de pratiquer un art, d'effectuer une tâche manuelle, d'écrire ou de se mouvoir, cette attention totale au moment vécu permet non seulement une réalisation optimale, mais aussi d'en savourer chaque nuance avec acuité.

Un état d'absorption totale dans l'acte, loin des ruminations mentales ou des inquiétudes périphériques parasites. Un mode d'être où chaque respiration, chaque mouvement, chaque perception afflue naturellement dans la conscience pour se conjuguer dans une expérience riche et immersive. Nos facultés d'observation, de créativité spontanée, notre accordage sensoriel et notre joie d'accomplir se trouvent alors décuplés.

Au fil de l'entraînement, cette pratique de pleine présence s'intensifie pour atteindre un stade d'implication totale, un véritable "flux" où le temps semble se dissoudre. Un état propice aux accomplissements, à l'expression du meilleur de nos talents et à une profonde impression de satisfaction et de sens émergeant naturellement de nos gestes.

III. Savourer la valeur en soi des processus

Mais au-delà de cet engagement intense dans l'action, un autre prérequis à la découverte d'une satisfaction pérenne réside dans notre aptitude à célébrer la valeur intrinsèque des processus, davantage que la seule quête effrénée de résultats ou de buts à atteindre.

Trop souvent, nous sommes conditionnés à n'identifier la réussite qu'au franchissement d'objectifs précis (signer un contrat, finir un projet, décrocher une récompense, etc.). Conduisant nos existences comme une poursuite ininterrompue d'étapes successives à franchir, avec la frustration récurrente d'être toujours en chemin.

Pour briser ce cercle épuisant, une véritable renaissance s'opère lorsque nous acceptons de savourer la richesse de nos activités quelles qu'elles soient pour ce qu'elles sont elles-mêmes. Non comme de simples moyens en vue d'une fin, mais comme des expressions vivantes de notre être au monde, porteuses d'enseignements, de défis stimulants et de connexions profondes à chaque instant.

Que ce soit un travail de bureau apparemment routinier, l'éducation de ses enfants ou l'entretien du jardinet, l'émerveillement survient lorsque nous acceptons de voir au-delà du prisme des obligations pour goûter le sens et les trésors d'apprentissage perpétuel inscrits dans les moindres gestes attentionnés.

Et c'est précisément cette nouvelle lunette, cette reconnaissance de la valeur des processus constitutifs de notre existence, qui transmue nos activités en expériences riches de sens. Nos tâches cessent d'être des épreuves désincarnées pour devenir de véritables célébrations conscientes et présentes des cadeaux de la vie. Le secret d'une existence savoureuse et intense.

7.5 - L'importance de trouver un équilibre entre le travail et la vie personnelle

Dans la course effrénée de nos sociétés contemporaines où la quête de réussite professionnelle est souvent érigée en nouvelle religion, préserver un juste équilibre entre nos obligations professionnelles et notre vie personnelle représente un défi de taille. Pourtant, cette capacité à ménager un espace serein pour nos autres sphères d'existence s'avère indispensable pour garantir notre bien-être global, notre épanouissement durable et notre efficacité sur tous les fronts.

I. Les dangers d'un déséquilibre chronique

Lorsque le spectre du surinvestissement chronique dans la sphère professionnelle vient hanter notre quotidien, les conséquences psychologiques, physiques et relationnelles se font vite ressentir. Un phénomène d'épuisement insidieux et pernicieux s'installe alors, corrodant nos ressources les plus vives.

Sur le plan énergétique tout d'abord, les longues heures supplémentaires, la charge mentale excessive et le manque de loisirs régénérants vident inexorablement nos réserves. Stress, anxiété, irritabilité, troubles du sommeil et autres manifestations psychosomatiques se font les témoins de cette usure profonde. Notre concentration, notre créativité et notre productivité même s'en trouvent alors rapidement obérées.

Mais au-delà de ces impacts individuels, les dommages collatéraux sur nos relations représentent un prix tout aussi lourd à payer. L'indisponibilité chronique pour nos proches, la négligence des activités familiales et sociales entraînent un appauvrissement des liens qui nous sont pourtant indispensables pour nous ressourcer. Un cercle vicieux susceptible d'ouvrir la voie à l'isolement et aux désordres affectifs.

À plus long terme enfin, cet excès de zèle professionnel engendre un risque élevé de désinvestissement progressif suite à un sentiment de vide existentiel. La quête de sens initiale se trouve peu à peu dévoyée au profit d'une course épuisante aux objectifs, vidant nos activités de leur substance.

II. Retrouver ses priorités essentielles

Face à ces périls évidents, prendre conscience de l'importance vitale d'un rééquilibrage sain s'impose comme un impératif pour tout un chacun. Mais dans les faits, comment s'y prendre pour desserrer l'étau de nos obligations professionnelles sans renier nos légitimes ambitions de réussite ?

La première étape cruciale réside dans un travail d'introspection en profondeur pour clarifier nos motivations fondamentales et nos véritables priorités existentielles. Qu'est-ce qui compte réellement pour nous au plus profond ? Quelles sont les sphères d'accomplissement à privilégier sans renoncer à notre intégrité ?

Ce retour aux sources nous permet de redéfinir une nouvelle philosophie de vie où la quête de l'épanouissement global prime la course effrénée à la croissance et à la performance à tout prix. Sans renoncer à nos passions professionnelles, il s'agit de les réinscrire dans un cadre plus large où nos vies affective, sociale, créative et spirituelle ne représentent pas de simples variables d'ajustement.

III. Développer des stratégies d'harmonisation concrètes

Forts d'une nouvelle hiérarchie des priorités, le cap est désormais posé pour déployer au quotidien des stratégies pragmatiques permettant de concrétiser cet idéal d'un juste équilibre entre nos diverses sphères existentielles.

Au niveau de l'organisation du temps tout d'abord, développer ses compétences en gestion des priorités, en délégation des tâches secondaires et en définition de limites claires s'avère indispensable pour désaturer les agendas surchargés. Apprendre à différencier l'essentiel de l'accessoire, à séparer clairement les obligations des options, devient alors la clé pour dégager des plages de respiration dédiées à nos autres centres d'intérêt.

Sur le plan psychologique ensuite, le développement d'aptitudes comme la pleine conscience, la pratique de la respiration ou encore la valorisation du lâcher-prise représentent d'indispensables garde-fous contre les risques d'absorption excessive dans les seules préoccupations professionnelles. Des moyens privilégiés pour se ressourcer en cours de journée et préserver un état d'esprit serein et disponible pour nos autres sphères de vie.

Dans le même ordre d'idées, la définition et le maintien de rituels de transition et de célébrations familiales ou amicales régulières jouent un rôle capital pour signifier notre capacité à nous extraire mentalement et physiquement des considérations professionnelles avec la régularité nécessaire.

Enfin, l'instauration d'un cadre de travail propice représente le dernier maillon indispensable pour éviter les débordements chroniques. Qu'il s'agisse d'un espace de travail à domicile dédié et séparé des autres pièces, ou de règles claires de déconnexion en fin de journée, ces garde-fous matériels préviennent les empiètements insidieux sur nos nouvelles sphères de vie.

IV. Rester souple face aux inévitables fluctuations

Cependant, si cette quête d'un équilibre vie pro/perso sain s'érige en ligne de conduite générale, il importe également d'être conscient des inévitables périodes de déséquilibre passager pouvant survenir de manière cyclique.

Des projets aux deadlines serrées, des problématiques familiales impérieuses, ou encore des remises en question existentielles peuvent nécessiter de privilégier temporairement une partie de notre existence sans pour autant renoncer à nos principes fondamentaux de préservation d'un équilibre global.

L'essentiel est alors de considérer ces parenthèses dédiées avec une perspective de long terme. Non comme un renoncement, mais comme une allocation ponctuelle de notre énergie et de notre attention suivant des priorités mouvantes. Une fois ces cycles particuliers refermés, l'agilité de nos stratégies d'équilibre reprendra alors tout naturellement ses droits.

À chaque instant, agir avec discernement pour honorer au mieux nos différentes obligations sans nous y sacrifier totalement. Marcher avec souplesse sur ce chemin de crête entre épanouissement personnel et accomplissements professionnels. Telle est la voie libératrice d'une existence riche, intense et sereine sur tous les fronts.

7.6 - Comment éviter le burnout ?

Le burnout, ou épuisement professionnel, représente aujourd'hui un fléau croissant dans nos sociétés auxquelles la pression à la performance et la surcharge de travail sont souvent érigées en normes. Cet état d'usure extrême, au-delà des maux physiques et psychologiques induits, sape notre énergie vive et notre capacité à évoluer avec sérénité dans nos différentes sphères d'existence. Se prémunir contre ce spectre insidieux du surmenage chronique apparaît dès lors comme un impératif pour notre santé et notre épanouissement durables.

I. Décrypter les signaux d'alerte précoces

Avant de développer des stratégies préventives, il importe dans un premier temps d'être en mesure d'identifier les prémices d'un burnout pour pouvoir réagir à temps. Bien souvent en effet, les signes avant-coureurs se manifestent de manière insidieuse avant que la situation ne devienne réellement critique.

Sur le plan physique par exemple, une forme de fatigue persistante malgré des nuits de sommeil apparemment suffisantes peut constituer une première alerte. De même, l'apparition inexpliquée de maux récurrents comme des migraines, des troubles digestifs ou musculaires mérite d'être scrutée de près.

Mais au-delà des symptômes somatiques, le burnout se traduira souvent en premier lieu par des modifications comportementales et émotionnelles marquées. Une irritabilité accrue, des sautes d'humeur fréquentes, une perte de motivation ou d'enthousiasme pour des activités autrefois appréciées signalent fréquemment une forme d'épuisement latent des ressources psychologiques.

En sondant cette sphère émotionnelle de près, des signaux d'alarme comme un cynisme grandissant, un désengagement progressif, une impression générale de vide intérieur ou encore des difficultés de concentration et de mémorisation ne trompent que rarement. À ce stade critique, agir de toute urgence pour briser la spirale devient primordial.

II. Revoir en profondeur son hygiène de vie

Une fois cette prise de conscience salutaire intervenue, la première pierre angulaire sur laquelle rebâtir son énergie réside dans un réexamen en profondeur et sans concession de son hygiène générale de vie. Les fondations saines que sont le sommeil, l'alimentation et l'activité physique suffisante représentent en effet les bases prérequises indispensables pour retrouver durablement tonicité et vitalité.

En matière de sommeil, un retour à un cycle régulier et réparateur de 7 à 8 heures demeure la norme à privilégier. Au-delà de la quantité, la qualité sera notamment favorisée par une coupure stricte des sources de stimulation avant le coucher (lumière bleue, activités prenantes, etc.). Des rituels de relaxation pourront également être mis à profit pour faciliter cette indispensable déconnexion quotidienne.

Du côté de l'alimentation, le rééquilibrage vers un régime sain riche en nutriments naturels, diversifiés et pauvres en sucres et graisses saturées jouera aussi un rôle de premier plan. Bien plus qu'une simple source de carburant, les effets bénéfiques d'une nourriture vertueuse se répercutent sur notre énergie, notre moral et notre immunité face au stress.

Pratiquer enfin une activité physique régulière et revigorante (sports d'endurance, exercices de renforcement musculaire, activités de plein air, etc.) complétera ce cercle vertueux du renouveau. Outre les effets prouvés sur le bien-être psychologique et la solidité du sommeil, cette stimulation active participera à évacuer les tensions accumulées tout en reconstruisant un capital énergétique.

III. Revoir son cadre et son organisation de travail

Mais pour être pleinement efficaces sur le long terme, ces ajustements d'hygiène générale de vie gagneront à être couplés à des changements en profondeur dans son rapport au travail. En adoptant une approche à plusieurs niveaux pour remédier aux origines mêmes de l'épuisement.

Sur le plan de l'organisation pratique tout d'abord, un réexamen des priorités, du rang des urgences et de la charge globale de travail s'impose sans concession. Dans cette perspective, apprendre à dire non, déléguer certaines tâches secondaires, espacer les délais excessifs ou définir des limites claires face aux injonctions permanentes représente une étape cruciale. Le courage de prioriser sciemment ses engagements les plus signifiants permettra en retour de se réinvestir avec plus d'intensité et de satisfaction sur ces derniers.

Au-delà de ces considérations matérielles d'agenda, engager un travail de fond sur son cadre environnemental de travail s'avère tout aussi crucial. Qu'il s'agisse d'aménager une bulle de travail à domicile en séparant clairement vie professionnelle et personnelle, ou d'optimiser l'ergonomie de son bureau pour plus de confort, cette étape participe activement à rompre les chaînes de la pression constante.

IV. Redéfinir son rapport au travail

Mais l'aspect sans doute le plus fondamental sur lequel appuyer un véritable rebond réside dans notre rapport mental et philosophique même au travail. En confrontant nos motivations et nos attentes à la réalité vécue.

Un premier pas consiste à identifier avec lucidité les facteurs de tension au quotidien : relations compliquées, manque de reconnaissance, déséquilibre entre vie pro/perso, écart entre les responsabilités et les ressources disponibles, inadéquation entre nos valeurs et celles véhiculées... Une fois ces origines crues verbalisées, des mesures de rééquilibrage pourront être envisagées sans détours.

Mais le travail le plus profond à engager demeurera de clarifier le sens même que nous souhaitons donner au travail dans nos vies. Jusqu'où voulons-nous porter l'autel des sacrifices sans renier notre intégrité ? La quête de sens personnel, d'équilibre et d'accomplissement multidimensionnel peut-elle encore être honorée ?

À l'écoute de ces réponses essentielles, chacun pourra alors choisir de renouveler plus en profondeur son rapport au travail. Pour certains, de nouveaux objectifs, un changement de poste, voire une réorientation de carrière s'imposeront comme une nécessité. Pour d'autres, un recentrage sur les aspects les plus motivants et porteurs de sens initiera un nouveau départ. Là encore, le cheminement reste unique à chaque individualité.

Mais dans tous les cas, redonner une perspective et des objectifs renouvelés, nous réinvestissant en phase avec nos valeurs, deviendra la clé pour renouer avec un engagement sain et une véritable implication joyeuse dans nos activités. Loin des excès chroniques et du sentiment d'impuissance ravageur du burnout.

7.7 - Activités pour explorer ses passions et renforcer ses relations

Dans le tourbillon effréné de la vie moderne, les exigences professionnelles accaparent bien souvent le devant de la scène. Préserver alors des espaces propices à l'exploration de nos passions personnelles et à l'entretien de relations chaleureuses représente un défi de taille. Pourtant, ces deux dimensions complémentaires recèlent des gisements insoupçonnés d'accomplissement, d'équilibre et d'épanouissement durables. C'est pourquoi entreprendre de les honorer pleinement par le biais d'activités signifiantes s'impose comme un impératif à partager.

I. Célébrer le pouvoir régénérant des passions

Qu'elles prennent la forme d'une créativité artistique, d'un engagement sociétal, d'une quête spirituelle ou encore d'une activité manuelle, nos passions constituent ces puits de joie, de liberté intérieure et de ressourcement profond qui nous rappellent à l'essentiel de notre unicité. Autant de trésors existentiels à explorer sans retenue. En effet, au-delà des simples loisirs distrayants, se consacrer totalement à ces vocations qui nous animent agit comme un puissant remède à l'ennui ou à la lassitude, ces maux insidieux de nos existences trépidantes. Chaque instant investi avec passion dans une œuvre, une pratique corporelle ou une cause devient alors l'expression d'un engagement vivifiant qui transcende le seul divertissement ponctuel.

Par ailleurs, une plongée dans ces domaines de prédilection nous ramène au cœur de nos forces et de nos motivations profondes. Le déploiement d'un talent créatif, la célébration d'une quête spirituelle par la méditation ou encore la réparation minutieuse d'un objet sont autant d'actes intensément vécus dans l'instant présent qui régénèrent notre âme et fortifient notre sens de l'accomplissement. Ce lien essentiel à ces sources d'inspiration nous aide à rester ancrés dans ce qui confère sens, beauté et saveur à notre existence, constituant un rempart contre le risque de voir nos aspirations s'éroder face aux activités obligations.

II. Cultiver le terreau des relations épanouissantes

Cependant, pour atteindre un équilibre global, ces parenthèses fécondes dans l'exploration de nos aspirations personnelles resteront incomplètes sans la dimension complémentaire du lien à autrui. De fait, tisser, célébrer et enrichir nos relations amicales, familiales et sociales, loin d'être un simple agrément, s'avère crucial tant pour notre bien-être immédiat que pour notre accomplissement général. Ces connexions sincères et enrichissantes transcendent les seules obligations et préservent notre humanité.

En réalité, au-delà des satisfactions du partage, de la tendresse et du soutien mutuel, ces liens profonds représentent de puissants déterminants de notre vitalité, de notre estime de soi et de notre épanouissement holistique. Des recherches l'ont prouvé, la richesse de nos interactions positives impacte directement notre longévité, notre résilience, notre optimisme ou encore notre satisfaction dans l'existence. Par conséquent, accorder une importance centrale au maintien de véritables espaces de connexion à nos proches s'impose comme un prérequis pour une vie saine et comblée. Ces moments de présence mutuelle attentionnée, ces instants de confidence ou de célébrations communes viennent abreuver notre besoin vital d'appartenance, de reconnaissance et d'amour authentique.

III. Se réinvestir corps et âme : de la théorie à la pratique

Forts de cette compréhension du pouvoir bénéfique de nos passions et de nos relations profondes, il convient désormais de transposer ces nobles aspirations dans le concret du quotidien. Dès lors, une intégration régulière d'activités visant à honorer pleinement ces deux dimensions complémentaires de l'existence s'exige.

Concernant les passions personnelles, il importe de planifier avec créativité et détermination des moments à leur consacrer sans concession. Que ce soit des cours d'art, des séances de pratique musicale, une soirée d'écriture ou encore du temps dédié à un engagement caritatif, calé ces priorités avec constance au cœur des agendas chargés constitueront un premier pas essentiel. Mais au-delà, une approche holistique gagnera à intégrer ces aspirations profondes comme une philosophie de vie sous-jacente à tous nos agissements. En d'autres termes, puiser en permanence dans ces sources d'inspiration pour insuffler davantage de sens, de fierté et de légèreté dans l'ensemble de nos faits et gestes du quotidien.

S'agissant des relations enrichissantes ensuite, la créativité prendra également tout son sens pour multiplier les opportunités vivifiantes de connexion et de partage. Bien entendu, honorer les grandes occasions, célébrations familiales, amicales ou sociales constituera une base précieuse. Mais insuffler cet esprit de rencontre chaleureuse jusque dans les activités les plus prosaïques représentera un réel levier pour intégrer pleinement cette dimension relationnelle essentielle. Des rendez-vous hebdomadaires d'activités ludiques en famille aux simples repas partagés en véritable présence, chaque prétexte sera bon pour créer ces petits îlots de convivialité chargés de sens. De plus, apprendre à organiser des moments de qualité en tête-à-tête pour des activités de partage de passions communes ou de simples escapades constitueront une formidable opportunité d'approfondir les liens précieux.

IV. Veiller à la complémentarité des deux dimensions

Enfin, si cultiver avec persévérance ces deux pôles représente un cap indispensable, l'harmonie ultime résultera de notre capacité à les faire dialoguer de concert au fil de l'existence. Car loin d'être dissociées, ces deux sphères se renforcent et s'enrichissent mutuellement. En effet, nos relations sincères avec autrui nourrissent notre épanouissement et notre créativité propres, tandis que l'exploration renouvelée de nos aspirations les plus intimes nous rend plus disponibles et présents aux connexions humaines authentiques.

Un cercle vertueux prend forme, où nos passions vivifiées par l'inspiration générée dans les liens profonds, alimentent à leur tour notre enthousiasme communicatif et notre compétence à insuffler de la substance aux interactions. Dès lors, parvenir à ménager avec justesse des espaces de développement pour nos deux versants, tout en les faisant se rejoindre à certains moments par des activités partagées, demeure la clé d'un véritable rayonnement holistique. Un défi de haute voltige certes, mais la promesse de journées riches de sens, de joie et de plénitude sur tous les fronts.

La gestion financière, bien que souvent perçue comme un domaine aride et technique, revêt une importance capitale dans notre quête d'un mode de vie équilibré et épanouissant. Loin d'être un simple exercice comptable, une approche consciente et réfléchie de nos finances nous permet de concrétiser nos valeurs et nos priorités au quotidien. C'est en cultivant une relation saine avec l'argent que nous pourrons canaliser ses flux de manière alignée sur nos aspirations profondes.

I. Déconstruire les croyances limitantes autour de l'argent

Tout d'abord, il convient d'examiner avec honnêteté les schémas de pensée et les émotions qui teintent notre rapport à l'argent. En effet, de nombreux conditionnements négatifs, hérités de notre éducation ou de notre environnement socio-culturel, peuvent entraver notre capacité à gérer sereinement nos finances. La culpabilité, la peur ou la frustration sont autant de freins à une relation apaisée avec cette énergie d'échange.

S'efforcer de remplacer ces croyances limitantes par une vision plus saine et pragmatique constituera une étape préalable indispensable. Reconnaître l'argent comme un simple outil, dénué de jugement moral intrinsèque, et dont la maîtrise nous offre davantage de libertés et d'opportunités de croissance, représente un premier pas vers une gestion financière consciente.

II. Définir ses valeurs et priorités de vie

Une fois cette base posée, approfondir la réflexion sur nos valeurs fondamentales et nos aspirations de vie s'imposera comme une suite logique. Qu'est-ce qui compte réellement pour nous ? Quelles sont les expériences, les causes ou les objectifs qui nous tiennent à cœur et auxquels nous souhaitons consacrer notre énergie et nos ressources ?

Parvenir à clarifier ces priorités essentielles nous permettra d'ériger un cadre directeur pour nos choix financiers futurs. Un phare pour nous guider dans l'allocation judicieuse de nos revenus, de nos dépenses et de nos investissements, de manière cohérente avec ce qui nous anime concrètement au plus profond de nous-mêmes.

III. Développer une stratégie financière alignée

Forte de cette vision de vie clarifiée, l'étape suivante consistera à élaborer une véritable feuille de route financière en phase avec nos idéaux. Il s'agira de déterminer des objectifs financiers concrets — qu'ils soient l'accès à la propriété, la création d'une entreprise, la constitution d'un patrimoine de transmission ou l'indépendance financière par exemple — et de déterminer les moyens pratiques de les concrétiser progressivement.

Établir un budget détaillé, en équilibrant dépenses indispensables, projets à valoriser et épargne mensuelle, constituera l'ossature de ce plan d'action. Parallèlement, explorer diverses options d'investissements et de placements de manière éclairée, en veillant à leur alignement avec nos convictions éthiques, nous permettra de faire fructifier nos ressources de manière responsable.

Enfin, suivre rigoureusement la mise en œuvre de cette stratégie, tout en restant ouverts aux ajustements nécessaires, sera la clé pour transformer nos aspirations en réalisations concrètes sur le long terme.

IV. Cultiver une relation apaisée à l'argent

Au-delà des aspects techniques et de planification, cette gestion financière consciente nécessitera également de développer une relation plus sereine et respectueuse vis-à-vis de l'argent. Loin d'une obsession malsaine ou d'un rejet craintif, il s'agira d'adopter une attitude d'observation pragmatique, de gratitude envers les ressources qui nous sont confiées, et de responsabilité dans leur utilisation.

Garder à l'esprit que l'argent demeure avant tout un outil au service de notre développement personnel et de nos aspirations supérieures de contribution et d'impact positif favorisera cette mentalité d'intendance sobre et alignée.

L'argent, à l'image de toute forme d'énergie, ne prend de réelle valeur que dans ce que nous en faisons. C'est en maîtrisant consciemment ses flux que nous pourrons les canaliser au service d'une vie comblée sur tous les plans, matériel comme spirituel.

8.1 - Établir un budget réaliste et équilibré

Lorsqu'on évoque la gestion financière avisée, l'établissement d'un budget représente la pierre angulaire sur laquelle repose tout l'édifice. Loin d'être une simple formalité comptable contraignante, la budgétisation, menée avec méthode et pragmatisme, se révèle être un véritable outil de liberté et d'alignement avec nos valeurs profondes. C'est en maîtrisant consciemment les flux de nos ressources que nous pourrons les redistribuer de manière judicieuse au service de nos priorités de vie.

I. Dresser un état des lieux précis

La première étape cruciale dans l'établissement d'un budget sain et pérenne consistera à effectuer un état des lieux exhaustif de notre situation financière actuelle. Lister en toute transparence l'ensemble de nos revenus – salaires, primes, revenus locatifs ou autres – ainsi que la totalité de nos charges fixes et variables. Que ce soit les dépenses évidentes comme le logement, les factures ou les prêts, ou celles plus insidieuses telles que les frais bancaires, les abonnements ou les achats récurrents divers.

Se doter d'outils simples comme un tableur permettra une visualisation claire et organisée de ces flux entrants et sortants. Cet effort de décorticage, aussi fastidieux soit-il, constituera le socle indispensable pour identifier les potentielles fuites, déséquilibres ou marges de manœuvre à exploiter par la suite.

II. Définir ses priorités de manière pragmatique

Fort de cette cartographie précise de nos finances, la prochaine étape cruciale sera de définir nos priorités de vie dans une optique pragmatique. Il s'agira ici, au-delà des idéaux abstraits, de traduire concrètement nos différents objectifs et aspirations en montants chiffrés et en échéances réalistes.

Quelles dépenses souhaitons-nous réellement privilégier ? À quel rythme voulons-nous constituer une épargne ? Combien pouvons-nous raisonnablement investir dans nos loisirs ou notre développement personnel ? Toutes ces questions, lorsque abordées avec lucidité et sens des réalités, permettront de dégager une vision claire des différentes enveloppes budgétaires à allouer.

III. Opérer les arbitrages nécessaires

Une fois ces priorités chiffrées, l'exercice consistera ensuite à les confronter de manière pragmatique à nos revenus et charges réelles. Opérer les arbitrages qui s'imposeront pour rétablir l'équilibre entre nos aspirations et nos capacités effectives. Un processus délicat, mais nécessaire, où il faudra faire preuve à la fois de discipline et de souplesse responsable.

Identifier les dépenses superflues à réduire, les habitudes à revoir ou les sources de revenus complémentaires à envisager seront autant d'options à explorer. Mais surtout, apprendre à hiérarchiser nos priorités essentielles de celles plus superficielles, et accepter de repousser temporairement certains objectifs plus secondaires, constituera un apprentissage majeur.

L'essentiel restera avant tout de préserver les grands équilibres et d'éviter de se priver de manière excessive sur le chemin d'une santé financière solide. Le tout étant de tendre vers un mode de vie aligné et épanouissant, pas d'embrasser un ascétisme contre-productif.

IV. Donner corps à son budget prévisionnel

Une fois les grands arbitrages posés avec réalisme, l'étape suivante sera de donner corps de manière précise à son budget prévisionnel. Etablir un plan de trésorerie mensuel détaillé, déclinant chacun des postes de dépenses selon leurs catégories et leurs échéances respectives. Logement, transports, courses alimentaires, loisirs, santé, etc. Tout doit trouver sa place dans cette véritable feuille de route budgétaire.

Mais au-delà de ces charges classiques, ne pas négliger d'intégrer dans les cases prévues les différentes enveloppes relatives à nos priorités de vie. Qu'il s'agisse d'un objectif d'épargne mensuel, d'un budget dédié à notre développement personnel ou encore de provisions pour un futur projet.

Cette budgétisation exhaustive et transparente agira comme un véritable phare pour guider au mieux nos décisions financières au quotidien. Un cadre rassurant mais suffisamment souple pour s'adapter aux aléas de la vie sans pour autant en dévier sur le long terme.

V. Suivi régulier et adaptation

Une fois ce travail d'élaboration effectué, la bataille ne sera pourtant pas terminée pour autant. La clé d'une budgétisation vertueuse et pérenne résidant avant tout dans le suivi et l'adaptation constants.

Prenez l'habitude de revoir mensuellement l'exécution de votre budget, de contrôler que les dépenses réelles n'ont pas dérivé des projections et de rectifier si nécessaire. Des outils simples comme des applications de suivi des dépenses faciliteront grandement cette discipline salvatrice.

Mais au-delà, n'ayez pas peur de remettre régulièrement votre budget sur le métier pour s'adapter à la situation réelle de vos revenus ou de vos objectifs de vie. Un budget n'est jamais gravé dans la pierre, mais bien un outil vivant à faire respirer pour demeurer pertinent dans la durée.

Établir un budget réaliste et équilibré représente à la fois un défi stimulant et une formidable opportunité de reprendre les rênes de nos finances. Un travail exigeant certes, mais qui, mené avec discipline et pragmatisme, nous permettra in fine de canaliser nos ressources au service de nos réelles priorités de vie. La voie vers une gestion financière consciente et alignée sur nos valeurs, gage d'un véritable accomplissement sur tous les plans.

8.2 - Apprendre à épargner et à investir intelligemment

Au cœur d'une gestion financière consciencieuse et tournée vers l'avenir se trouve la capacité à épargner et à investir de manière avisée. Loin d'être un simple exercice de privation, ces pratiques judicieuses représentent en réalité les piliers essentiels pour bâtir une véritable indépendance et une sécurité financière durable. C'est en cultivant cette sagesse d'aujourd'hui que nous pourrons récolter les fruits d'une liberté accrue et concrétiser nos aspirations les plus chères demain.

I. Repenser l'épargne comme une priorité d'investissement sur soi

Tout commence par un changement de regard sur l'épargne elle-même. Au lieu de la concevoir comme une simple contrainte restrictive, apprenons à l'embrasser comme un investissement privilégié sur notre avenir et notre tranquillité d'esprit. Chaque euro ou dollar mis de côté constitue une pierre supplémentaire à l'édifice de notre indépendance future.

Cette simple prise de conscience, que l'épargne n'est pas une fin en soi mais un moyen d'alimenter nos aspirations ultérieures, représente une première étape majeure. Une fois ce cap franchi, développer la discipline nécessaire pour provisionner systématiquement des sommes, même modestes, deviendra un geste naturel et source de fierté.

II. Des petits ruisseaux pour un fleuve puissant

Justement, trop souvent l'épargne souffre de l'illusion qu'elle nécessite des moyens colossaux pour être efficiente. Pourtant, comme pour toute grande réalisation, c'est la constance et la patience qui priment l'ampleur ponctuelle des efforts consentis.

Il suffit de se remémorer la puissance d'un fleuve pour se convaincre que les petits ruisseaux initiaux, même ténus, peuvent se rejoindre et se gonfler progressivement jusqu'à donner naissance à un courant vigoureux et intarissable. Il en va de même pour l'épargne, où des versements réguliers, aussi modestes soient-ils, laisseront l'effet cumulatif du temps et des intérêts composés opérer leurs effets exponentiels insoupçonnés.

III. Apprivoiser l'univers des placements

Assurément, la discipline de l'épargne seule ne suffira pas à parachever une véritable indépendance financière. Pour maximiser le potentiel de nos économies précautionneusement constituées, il conviendra en parallèle d'apprendre à les faire fructifier par des placements judicieux.

L'univers des investissements peut sembler de prime abord rebutant et intimidant, peuplé de considérations techniques et de vocabulaire ésotérique. Pourtant, loin des spéculations hasardeuses, il existe une multitude d'options de placements classiques, solides et peu risquées, qui méritent d'être explorées avec pragmatisme.

De l'épargne logement aux contrats d'assurance-vie diversifiés en passant par les fonds indiciels cotés, autant de solutions permettent de générer des rendements pérennes tout en préservant un niveau de risque mesuré. L'essentiel étant de se former progressivement, en cultivant curiosité et esprit critique, pour ne pas se laisser aveugler par les mirages de promesses alléchantes.

IV. Définir une stratégie d'investissement alignée

Car au-delà des aspects techniques, la pierre angulaire d'une démarche d'investissement durable et apaisée réside dans la définition préalable d'une stratégie personnelle alignée sur ses valeurs et ses objectifs de vie.

Il s'agit d'une part de déterminer son appétence au risque personnelle – quel niveau de fluctuations sommes-nous prêts à tolérer pour quels rendements potentiels ? – mais aussi et surtout de préciser ses grandes aspirations à long terme que viendront servir nos investissements. Préparer une retraite paisible ? Transmettre un patrimoine à ses proches ? Ou encore se constituer un capital de lancement pour un projet entrepreneurial ?

Clarifier ces finalités supérieures permettra d'orienter notre stratégie d'investissement de manière cohérente et engagée. Une boussole pour arpenter cet univers parfois technique sans jamais perdre de vue l'essentiel.

V. Adopter une approche progressive et patiente

Enfin, quel que soit le niveau d'ambition de nos objectifs d'investissement, la sagesse commandera d'avancer d'un pas prudent et mesuré sur ces sentiers parfois sinueux. Comme pour toute forme d'apprentissage, la progressivité et la patience seront de mise.

Débutants, limitons-nous d'abord à de simples solutions rassurantes, comme les livrets réglementés ou les contrats en euros, pour nous familiariser en douceur avec les rudiments des placements. Une fois cette base de confiance acquise, nous pourrons envisager d'explorer par étapes des véhicules plus sophistiqués, en renouvelant nos connaissances et en ajustant notre allocation en fonction de notre niveau de tolérance aux risques.

Apprivoiser la volatilité et l'évolution parfois capricieuse des marchés constituera également un apprentissage majeur, durant lequel la tentation de céder à la panique ou à l'emballement spéculatif devra être constamment refroidie par le discernement et la discipline à long terme.

Somme toute, épargner et investir avec intelligence demeure un processus exigeant mais gorgé de promesses d'indépendance et de liberté future. En associant rigueur, ouverture d'esprit et alignement sur nos aspirations profondes, nous pourrons insuffler à nos efforts obstinés d'aujourd'hui une puissance de changement pour nos vies de demain. Autant de graines patientes et bien arrosées qui ne manqueront pas de germer en belles et solides réalisations sur le long terme.

8.3 - Éviter les dettes et les frais inutiles

Dans la quête d'une saine gestion financière, le combat contre les dettes et les frais inutiles représente un front majeur à ne surtout pas négliger. Semblables à des termites insidieux, ces parasites ont en effet le pouvoir de ronger sournoisement les fondations de notre patrimoine et de compromettre nos efforts d'épargne les mieux intentionnés. Pour atteindre l'équilibre tant convoité, il nous faudra apprendre à les identifier, les éradiquer et surtout développer les bonnes pratiques pour ne plus jamais les laisser proliférer.

I. Repenser notre rapport à la dette

La première étape cruciale consistera à revoir en profondeur notre rapport psychologique à la dette elle-même. Trop souvent banalisée voire érigée en norme sociétale, cette habitude développe en réalité une dépendance toxique et un terreau fertile pour les angoisses financières.

Au lieu de la considérer comme une solution de facilité indolore, apprenons à l'aborder comme un fardeau à éviter autant que possible. Un frein à notre liberté réelle qui hypothèque lourdement nos revenus futurs tout en nous privant des bénéfices potentiels que nous aurions pu en tirer par ailleurs.

S'abstraire des conditionnements mercantiles ambiants et reconnecter avec la valeur fondamentale de notre indépendance financière représentera un travail psychologique d'importance. La clé pour reprendre la main sur nos choix et nos priorités de vie réelles.

II. Adopter une véritable éthique d'austérité

Certes, dans l'idéal, se départir de toutes formes de dettes constituerait l'option la plus souhaitable. Mais la réalité nous rattrapera bien souvent, entre les prêts immobiliers, les facilités de paiement ou certaines nécessités de trésorerie incontournables.

Dans ces situations où l'endettement s'avère indispensable, la vigilance restera toutefois de mise. Il conviendra alors d'appliquer une véritable éthique d'austérité pour restreindre ces emprunts au strict minimum, éviter tout crédit supplémentaire et surtout circonscrire ces obligations dans une durée limitée.

Refuser les offres de crédits renouvelables trompeusement alléchantes, adopter l'usage systématique des mensualités les plus élevées possibles et développer une stratégie volontariste de remboursement anticipé devront animer notre nouvel état d'esprit. Autant de disciplines essentielles pour nous protéger des risques de surendettement.

III. Chasser les frais injustifiés au quotidien

Mais la lutte contre les dépenses inconsidérées se jouera également sur un autre front : celui des petits frais gaspillés presque inconsciemment au fil de nos gestes du quotidien. Bien qu'anodins pris isolément, leurs effets cumulatifs auront tôt fait d'entamer notre budget et nos économies projetées.

Il s'agira donc d'apprendre à identifier ces fuites insidieuses, en aiguisant sans cesse notre vigilance de consommateur. Passer systématiquement au crible nos factures détaillées pour supprimer les options ou les abonnements superflus, privilégier les formules d'achat en lot pour faire des économies d'échelle, négocier âprement nos différents forfaits...

Bannir une fois pour toutes les facilités financières dispendieuses que sont les crédits revolvings, découverts bancaires injustifiés ou frais de retard évitables constituera également un chantier prioritaire pour colmater ces brèches chroniques.

Au fil de ces efforts d'optimisation persévérants, d'importantes marges de manœuvre financières reviendront gonfler notre capacité d'épargne mensuelle. Des ressources considérables qui, réinvesties judicieusement, nous permettront de bâtir progressivement le socle d'une indépendance durable.

IV. Revoir notre rapport à la consommation

Mais au-delà de ces aspects pratiques et techniques, la résolution durable de ces problématiques de dettes et dépenses superflues exigera un réel travail d'introspection sur notre rapport même à la consommation.

Esclaves trop souvent inconscients de réflexes consuméristes insidieux, il nous faudra apprendre à les identifier, à les déconstruire sans complaisance. Remettre en cause les schémas de pensée sous-jacents et la prétendue "nécessité" de tant d'actes d'achat compulsifs. Interroger nos réelles motivations derrière ces acquisitions précipitées, ce besoin maladif de posséder toujours plus.

Un chemin délicat certes, mais indispensable pour renouer avec une sobriété retrouvée et un art de vivre léger et apaisé. Révolutionner notre échelle des véritables valeurs essentielles, focaliser nos aspirations sur l'enrichissement intérieur plutôt que sur la course effrénée aux possessions éphémères.

Loin d'un renoncement, ce nouveau rapport conscient à la consommation nous permettra in fine de dégager d'immenses ressources aujourd'hui dilapidées pour mieux les investir sur des projets, des relations ou des expériences substantielles et comblantes.

V. L'allié précieux du temps

Enfin, dans cette croisade pour l'assainissement de nos finances et de nos habitudes consuméristes, le plus grand des alliés restera sans nul doute le temps lui-même. Ce n'est qu'au prix d'une persévérance inlassable, année après année, que nous pourrons espérer voir nos efforts patiemment capitaliser.

Car il faudra bien souvent du temps pour dissiper d'anciens réflexes tenaces, pour payer nos dettes résiduelles ou pour voir les fruits de nos nouveaux arbitrages porter leurs fruits substantiels. C'est pourquoi la constance dans nos résolutions, la solidité de notre motivation et la foi en notre capacité de changement durable seront des atouts indispensables.

Mais en cheminant avec humilité et détermination sur cette voie semée d'épreuves, nous sèmerons graduellement les graines d'une tranquillité financière inconditionnelle. Un accomplissement intérieur et une liberté profonde qui transcenderont les simples considérations matérielles pour se muer en une inestimable sérénité d'esprit.

8.4 - L'importance de la planification financière à long terme

Lorsque l'on évoque la gestion financière, les efforts d'économie au quotidien ou les stratégies d'investissement à court terme occupent souvent le devant de la scène. Pourtant, c'est en embrassant une vision à plus vaste échelle que nous pourrons véritablement insuffler cohérence et efficacité à nos efforts ponctuels. La planification financière à long terme représente en ce sens un exercice essentiel, bien que trop souvent négligé, pour donner un cap clair et donner toute sa puissance à nos actions immédiates.

I. Définir ses aspirations de vie profondes

La pierre angulaire de tout plan financier ambitieux et motivant demeure avant tout d'identifier et de clarifier avec précision nos grandes aspirations pour notre avenir. Au-delà des considérations matérielles évidentes, quelles sont les réalisations, les expériences ou les accomplissements qui donneraient un réel sens à nos vies ?

Préparer une retraite épanouie et active ? Assurer l'éducation de nos enfants dans les meilleures conditions ? Ou pourquoi pas concrétiser le rêve d'une reconversion professionnelle vers une activité plus alignée sur nos valeurs ? Autant de grandes finalités existentielles qui, une fois formulées avec sincérité, deviendront nos phares pour orienter nos stratégies sur le long cours.

II. Chiffrer de manière pragmatique ces objectifs

Une fois nos aspirations profondes définies, le travail consistera à les traduire de la manière la plus concrète et réaliste possible en termes budgétaires. Quelle sera l'épargne requise pour atteindre le niveau de vie escompté à la retraite ? Quel effort d'investissement sera nécessaire pour provisionner les frais d'études supérieures de nos enfants ? Quel capital de départ faudra-t-il se constituer pour se lancer dans la nouvelle activité rêvée ?

Aussi délicat que puisse paraître cet exercice de chiffrage prévisionnel, il n'en demeure pas moins crucial pour donner une assise pragmatique à nos élans. Se confronter avec lucidité aux données et aux ordres de grandeur nous permettra d'éviter de se laisser emporter par des chimères décourageantes ou au contraire des objectifs trop modestes.

III. Définir l'échéancier et les étapes clés

Fort de ces objectifs chiffrés, la prochaine étape essentielle résidera dans la définition d'un échéancier clair et d'un phasage détaillé dans le temps. À quelle période de notre vie devrons-nous avoir constitué les capitaux nécessaires ? Selon quelles étapes intermédiaires et quels paliers pour suivre efficacement notre avancée ?

Au-delà du simple projet final, détailler ainsi notre feuille de route en grandes étapes successives nous permettra de fractionner les défis en paliers plus accessibles. Des jalons encourageants pour remobiliser nos efforts lorsque la perspective finale semblera par trop lointaine.

Et pour opérer les ajustements nécessaires en cas d'imprévu ou de changement de situation.

IV. Construire sa stratégie d'investissement autour du plan d'ensemble

Forts de cette vision d'ensemble, des objectifs, des échéances et des paliers chiffrés, nous pourrons dès lors bâtir des stratégies d'investissement cohérentes et véritablement au service de nos aspirations de vie. Plus qu'une simple allocation tactique d'actifs, l'enjeu sera de développer une approche réfléchie et patiente pour faire travailler nos capitaux dans la durée au profit de notre plan à long terme.

Diversification des placements, répartition progressive des risques, capitalisation régulière et systématique des rendements... Autant de réflexes vertueux indispensables à intégrer pour que nos efforts obstinés du quotidien ne soient pas freinés par des erreurs d'investissement préjudiciables.

Et ce, sans jamais perdre de vue que nos investissements ne représentent qu'un moyen, non une fin en soi. Une rampe de lancement au service d'une vision plus globale plutôt qu'un simple jeu spéculatif.

V. Garder l'agilité pour un pilotage serein

Enfin, si établir un plan financier sur plusieurs décennies représente un exercice fondamental, celui-ci ne saurait toutefois être gravé dans le marbre une fois pour toutes. La clé d'une stratégie durable et sereine demeurera avant tout dans notre capacité d'adaptation permanente aux réalités fluctuantes de l'existence.

Situations professionnelles et personnelles mouvantes, nouveaux objectifs qui émergent, changements de priorités ou de conditions économiques... Autant d'impondérables inhérents à la vie qu'il nous faudra intégrer avec souplesse et discernement. Remettre régulièrement notre plan sur le métier, réévaluer nos positionnements et nos cibles sans nous cramponner aveuglément aux prévisions initiales figées.

Mais loin d'être un frein supplémentaire, cette indispensable agilité de pilotage constituera au contraire un réel levier de sérénité. En maintenant notre vision stratégique et nos actes opérationnels connectés aux réalités de chaque instant, nous prémunissant contre les stress induits par l'obsession de plans immuables.

Une planification financière à long terme ambitieuse, mais empreinte de pragmatisme vivant, sera ainsi bien plus qu'un simple acte technique. Un véritable acte de souveraineté et de prise de pouvoir sur nos vies. En donnant corps et structure à nos aspirations les plus nobles, nous leur insufflerons la puissance pour se concrétiser pleinement. Des rêves transformés en feuilles de route motivantes et réalistes, par l'entremise d'une programmation minutieuse mais vivante. Une alliance subtile de persévérance implacable et de sagesse agile qui, nous l'espérons, nous conduira aux rivages de l'inestimable liberté.

8.5 - Les différentes stratégies d'investissement et comment choisir celle qui convient le mieux

Lorsque l'on décide de s'engager sur les sentiers de l'investissement dans l'optique de faire fructifier son épargne, l'une des toutes premières étapes cruciales consistera à définir une stratégie d'allocation d'actifs cohérente avec nos objectifs et notre profil investisseur. Loin d'être une simple formalité, ce choix représentera la clé de voûte pour tirer le meilleur parti possible de nos efforts tout en sécurisant notre parcours.

I. Commencer par une saine introspection

Avant même d'entrer dans les considérations techniques de la construction de portefeuille idoine, un incontournable travail préalable s'imposera : définir avec la plus grande clarté possible notre véritable profil d'investisseur. Nos priorités, notre horizon temporel, mais surtout notre tolérance psychologique au risque.

Car au-delà des simples dimensions d'espérance de rendement et de volatilité théoriques, notre rapport intime à l'aléa et à l'inconfort psychologique induit par des fluctuations marquées représentera un paramètre tout aussi prépondérant. Bien peu serviront les stratégies les plus performantes si notre manque de confiance nous pousse à déroger de manière intempestive.

Un examen de conscience sans concession sur nos vraies motivations, nos objectifs précis de court ou long terme ainsi que notre capacité à rester maîtres de nos émotions s'avérera indispensable en prémices. Une connaissance de soi exigeante, mais seule à même d'éviter les déconvenues d'orientations inadaptées.

II. Les grandes familles de stratégies

Une fois ce travail d'introspection mené, nous pourrons dès lors apprécier avec davantage de discernement les principales familles de stratégies d'investissement possibles et leurs implications respectives.

Dans le spectre le plus défensif, les portefeuilles prudentiels privilégiant les actifs à revenu fixe comme les obligations d'État ou les produits monétaires offriront une stabilité maximale quoique des rendements modestes. Un choix adapté pour les investisseurs peu tolérants au risque et/ou avec un horizon temporel rapproché.

À l'autre extrémité, les stratégies plus dynamiques accordant une large place aux actions viseront des rendements potentiels supérieurs mais impliqueront mécaniquement une volatilité accrue sur les courts cycles. Une option à réserver aux profils plus offensifs avec des ressources à mobiliser sur le très long terme.

Entre ces deux pôles, toute une palette de stratégies équilibrées empruntant des biais plus ou moins marqués vers l'un ou l'autre de ces deux grandes familles d'actifs permettra d'ajuster avec finesse le couple rendement-risque escompté.

III. L'art de la diversification

Mais quelle que soit la stratégie d'allocation d'actifs privilégiée, un autre paramètre essentiel à intégrer dans sa réflexion demeurera la diversification optimale des classes d'actifs elle-même.

Contrairement aux idées reçues séduisantes d'une spécialisation sur une poche d'actifs censément particulièrement prometteuse, la sagesse commande en réalité de multiplier les expositions pour rechercher une décorrélation maximale entre les sources de risque.

Un portefeuille judicieusement diversifié, en répartissant les investissements sur des classes d'actifs non substituables et suivants des cycles différents, apportera invariablement un meilleur lissage des aléas à long terme.

Des actions complétées par des obligations, des matières premières et de l'immobilier par exemple. Même, pour les plus aventureux, une exposition calculée sur des actifs émergents ou alternatifs pourra s'avérer un complément bienvenu sous réserve de respecter les grands principes de diversification.

IV. Privilégier les investissements passifs

Dans cette quête d'optimisation, la tendance récente s'orientera de plus en plus vers les placements de type " investissement passif ". Par opposition aux approches traditionnelles de " stock picking " ou de gestion active, ces solutions d'investissement répliquant l'évolution des grands indices de marchés offriront de précieux avantages.

D'une part, des frais de gestion nettement moindres permettront de ne pas éroder inutilement les potentiels de rendement. D'autre part, en supprimant les biais émotionnels liés à la décision discrétionnaire, on évitera les risques d'erreurs d'appréciation couteuses.

Fonds indiciels cotés, trackers, ETF... les véhicules pour accéder simplement et efficacement à cette gestion passive se sont grandement démocratisés ces dernières années. Une formule pertinente pour l'investisseur débutant ou peu désireux de se lancer dans une gestion patrimoniale ultra-active.

V. Miser sur le "dollar cost averaging"

Dernière astuce précieuse, mais sans doute aussi l'une des plus puissantes, opter pour une stratégie d'investissement étalée et régulière dans le temps plutôt que d'expositions ponctuelles concentrées.

En pratique, mieux vaudra fractionner ses apports en autant déversements programmés de manière récurrente. L'idée étant de lisser le prix de revient en investissant par averses successives sur les multiples fenêtres d'opportunités qu'offre l'évolution heurtée des marchés.

Cette technique dite du " dollar cost averaging " ou "lissage périodique" permettra d'éviter les écueils défavorables des investissements massifs à point d'entrée potentiellement mal choisis. Au contraire, elle assurera une exposition moyennée qui capitalisera mécaniquement sur les cycles baissiers successifs tout en laissant le coût d'acquisition global.

Une stratégie de bon sens, facilement praticable grâce aux formules d'investissement par versements programmés désormais répandues.

Que l'on soit un jeune investisseur débutant ou un vétéran rôdé des placements, la quintessence demeurera d'affûter en permanence son discernement pour arrimer avec sagacité sa stratégie d'allocation aux grandes balises intangibles : ses objectifs, son horizon temporel et sa philosophie de prise de risque. Bien loin de la course au rendement maximum à tout prix, le nerf de la guerre sera plus surement de rester concentré sur la navigation sereine et cohérente, selon la feuille de route que l'on se sera définie. Car c'est bien cette alliance patiente de méthode et de discipline qui insufflera toute sa plénitude à notre liberté.

8.6 - Considérations éthiques et de responsabilité sociale dans la gestion de l'argent

Lorsqu'on parle d'argent et de gestion financière, on a souvent tendance à se concentrer uniquement sur les chiffres, les rendements et la performance à court terme. Pourtant, une approche saine et équilibrée doit aussi prendre en compte les aspects éthiques et la responsabilité sociale. En effet, la façon dont nous choisissons d'investir et de faire fructifier notre argent a inévitablement un impact sur notre environnement et sur la société dans son ensemble.

I. Réfléchir aux conséquences sociétales de nos investissements

Un premier point essentiel à considérer est le type d'activités économiques et de secteurs dans lesquels nous décidons d'investir.

Nos choix d'investissement, aussi modestes soient-ils individuellement, contribuent à orienter les flux d'argent dans notre société.

Par exemple, voulons-nous soutenir financièrement des industries polluantes et néfastes pour l'environnement ? Ou bien préférons-nous privilégier des entreprises respectueuses de l'environnement et engagées dans le développement durable ? De même, acceptons-nous que nos investissements profitent à des entreprises aux pratiques sociales douteuses, voire en violation des droits humains fondamentaux ?

Au-delà des simples chiffres et de la performance boursière, la responsabilité morale dans nos choix d'investissement est une dimension de plus en plus importante pour de nombreux épargnants.

II. Intégrer des critères extra-financiers

Pendant longtemps, la prise en compte des impacts sociétaux dans les décisions d'investissement était réservée à une frange militante. Aujourd'hui, cette tendance gagne progressivement du terrain dans le secteur financier. Sous l'impulsion des régulateurs et de la demande croissante des investisseurs, de nouvelles pratiques émergent pour mieux évaluer ces critères extra-financiers.

L'investissement socialement responsable (ISR), qui intègre des filtres sur le respect de normes environnementales, sociales et de gouvernance d'entreprise, connaît ainsi une croissance marquée ces dernières années. Des processus d'analyse et de notation extra-financière se standardisent également pour permettre une meilleure transparence et comparabilité des pratiques des entreprises.

C'est un mouvement qui ne fait que commencer et qui devrait permettre une prise en compte toujours plus fine de ces enjeux éthiques, en complément des données financières traditionnelles.

III. Exercer son droit de vote en assemblée générale

Mais au-delà du simple choix d'investissement initial, ces considérations éthiques s'appliqueront également dans notre rôle d'actionnaires au sein des entreprises. En tant que propriétaires d'une fraction du capital, aussi modeste soit-elle, nous détenons des droits de vote et de regard sur la stratégie des sociétés.

Plutôt que de rester passifs, cette position d'actionnaire nous confère une responsabilité citoyenne de co-orientation. Approuver ou contester les décisions managériales, exprimer nos attentes sur les impacts sociétaux et environnementaux, élire ou révoquer les membres des conseils d'administration... autant de leviers d'actions offerts pour influer sur la trajectoire suivie.

Un devoir éthique que de plus en plus d'investisseurs s'approprient, galvanisés par des mouvements citoyens prônant l'activisme actionnarial comme vecteur de changement. Une forme de démocratie participative pour inscrire nos valeurs dans la conduite des affaires.

IV. Repenser les circuits de financement traditionnels

Au-delà des placements financiers classiques, un mouvement émergent vise à promouvoir des circuits alternatifs de financement et d'investissement, plus en phase avec nos préoccupations éthiques.

Le financement participatif ou "crowdfunding", qu'il soit sous forme de dons, de prêts rémunérés ou de prise de participation en capital, offre ainsi de nouvelles opportunités pour soutenir directement des projets porteurs de sens et de valeurs positives. Par exemple, on peut financer la création d'une entreprise sociale ou environnementale, ou soutenir un projet solidaire local.

De même, les nouvelles plateformes de financement collaboratif dédiées à l'économie réelle et durable gagnent en maturité pour investir différemment dans l'entrepreneuriat responsable et les initiatives citoyennes.

Autant d'alternatives vertueuses qui commencent à prendre de l'ampleur pour réinventer la finance au service d'un progrès plus soucieux de son impact sociétal.

V. Adopter une philosophie de suffisance et de transmission

Mais au-delà des considérations éthiques dans les choix d'investissement, une réflexion plus profonde sur notre rapport à l'argent et aux biens matériels semble également nécessaire. Car parfois, la recherche permanente et sans fin d'enrichissement ne traduit-elle pas une forme d'avidité et d'insatisfaction dommageable à notre équilibre intérieur ?

De nombreux penseurs et spiritualités plaident en ce sens pour une forme de frugalité volontaire et assumée. Non par misérabilisme, mais par sagesse. En se concentrant sur l'essentiel et le sens plutôt que sur l'accumulation. Et en transmettant aux générations suivantes un monde vivable et des ressources préservées plutôt que de les dilapider par avidité.

Une sobriété heureuse qui ne signifie pas se priver, mais surtout savoir se suffire de peu pour mieux se consacrer à l'essentiel : ses relations humaines, son accomplissement personnel et son legs aux futures générations. Une philosophie en phase avec les plus hautes aspirations éthiques de l'humanité. Et sans doute, en dernier lieu, la clé d'une véritable liberté intérieure que nulle richesse matérielle ne saurait acheter.

Concilier finance et éthique est un défi de taille dans nos sociétés contemporaines. Mais c'est un chemin qu'un nombre croissant d'acteurs, des investisseurs avertis aux nouvelles générations, semblent décidés à suivre avec détermination. Une évolution profonde pour donner tout son sens à la gestion de nos ressources personnelles et collectives, en phase avec nos valeurs les plus nobles, pour dessiner les contours d'un progrès authentique et durable.

Chapitre 9 : Le Bonheur Intérieur : Une Richesse Inestimable

Dans notre quête perpétuelle pour accumuler toujours plus d'argent et de biens matériels, il est facile d'oublier une richesse bien plus profonde et durable : celle du bonheur intérieur. Trop souvent, nous laissons les soucis financiers et la course effrénée à la réussite extérieure nous accaparer l'esprit, au détriment de ce qui compte réellement. Pourtant, la véritable clé du bien-être se trouve au plus profond de nous-mêmes.

I. Se libérer de l'illusion de la richesse extérieure

Les sociétés modernes nous vendent le rêve que l'acquisition de biens toujours plus nombreux et coûteux nous rendra enfin heureux. Cependant, des études montrent que passé un certain seuil de revenu, le bonheur n'augmente que très peu avec la richesse matérielle supplémentaire.

Au contraire, cette quête incessante d'accumulation génère souvent du stress et une insatisfaction perpétuelle. Nous tentons de combler un vide intérieur par des possessions éphémères. Une profonde illusion qui nous détourne de la vraie source de satisfaction : notre bonheur intérieur.

II. Cultiver la présence, la gratitude et l'acceptation

Le chemin vers le bonheur authentique passe par un lâcher-prise des désirs superficiels et une reconnexion à l'instant présent. En pratiquant la pleine conscience, nous découvrons la beauté des petits moments du quotidien.

Développer une attitude de gratitude envers les bienfaits que nous avons déjà, plutôt que se concentrer sur ce qui nous manque, est essentiel. Tout comme accepter ce qui est, sans résistance ni jugement, nous offre une paix intérieure durable.

III. S'accomplir dans ses relations et sa quête de sens

Outre la pleine conscience, une vie riche de sens et de relations nourrissantes constitue un socle indispensable au bonheur véritable. Cultiver des liens authentiques, faire preuve de bienveillance, et se consacrer à des objectifs personnels significatifs sont des vecteurs essentiels de satisfaction.

À l'inverse, l'égoïsme et la poursuite d'objectifs vides mènent à une vie émotionnellement et spirituellement appauvrie, malgré une éventuelle réussite matérielle.

IV. Trouver l'équilibre entre avoir et être

Bien sûr, ces conseils ne signifient pas de rejeter totalement la recherche de prospérité financière. Il s'agit plutôt de garder un juste équilibre en ne la considérant que comme un moyen au service d'une fin plus noble : se réaliser pleinement en tant qu'être humain.

L'argent, utilisé avec sagesse et modération, peut être un formidable outil nous libérant des soucis du quotidien pour nous concentrer sur l'essentiel. Mais lorsqu'il devient une obsession, il se transforme en redoutable poison pour notre bonheur véritable.

En définitive, c'est en nourrissant patiemment notre jardin intérieur, fait de présence, de gratitude, de relations saines et d'un sens élevé, que nous récolterons les plus beaux fruits du bien-être durable. Une leçon de vie universelle que les plus grandes sagesses, philosophies et spiritualités n'ont eu de cesse de nous transmettre à travers les âges. À nous d'enfin l'intégrer pleinement pour goûter aux délices d'une richesse véritablement inestimable.

9.1 - Réflexions sur le véritable sens du bonheur

Nous passons tous une grande partie de notre existence à poursuivre le bonheur, que ce soit consciemment ou non. Pourtant, bien trop souvent, nous nous fourvoyons dans une course effrénée aux biens matériels et à la réussite extérieure. Comme si accumuler toujours plus de richesses et de possessions allait enfin combler ce manque profond en nous. Mais qu'en est-il réellement du véritable bonheur ? Pour en saisir l'essence, une réflexion plus approfondie s'impose.

I. L'illusion de la richesse matérielle

Depuis notre plus tendre enfance, nous sommes exposés à des messages publicitaires qui nous persuadent que posséder tel ou tel produit transformera notre vie. "Achetez cette voiture de luxe et vous serez heureux" ou "Utilisez cette crème de beauté pour enfin vous épanouir". Ce discours insidieux entretient l'illusion que le bonheur réside dans l'accumulation sans fin d'objets de consommation.

Cependant, de nombreuses études scientifiques montrent qu'au-delà d'un certain seuil de revenu permettant de subvenir aux besoins essentiels, l'accumulation supplémentaire de richesses matérielles n'apporte qu'un bien-être marginal. J'ai connu un collègue milliardaire qui, malgré son train de vie somptuaire, était manifestement malheureux dans sa vie personnelle.

En réalité, cette quête perpétuelle de l'avoir n'engendre souvent que du stress, de l'anxiété et un sentiment de manque. Nous tentons de combler un vide intérieur par des possessions éphémères, ce qui crée un cercle vicieux. Finalement, cette illusion aliénante nous éloigne de la véritable source de plénitude : nous-mêmes.

II. Se reconnecter à l'essentiel

Le chemin du bonheur authentique passe donc par un lâcher-prise de ces désirs superficiels pour se reconnecter en premier lieu à soi-même, à l'instant présent. Cela passe par la pratique de la pleine conscience, c'est-à-dire l'art d'être pleinement attentif et réceptif à chaque moment, dans une attitude d'ouverture et d'accueil inconditionnel envers ce qui est.

C'est alors que nous redécouvrons la beauté inépuisable qui se cache dans les toutes petites choses du quotidien, ces merveilles insoupçonnées que nous négligions par manque de présence. Le sourire d'un enfant, les rayons du soleil sur notre visage, le parfum d'une fleur. Autant de richesses intérieures infinies une fois que nous cessons de nous projeter constamment dans un futur hypothétique.

Une amie proche m'a récemment confié avoir retrouvé un sens profond au bonheur depuis qu'elle pratique la méditation de pleine conscience. Là où elle courait auparavant d'un objectif chimérique à l'autre, elle savoure désormais l'extraordinaire de l'ordinaire grâce à une disposition d'esprit pleinement consciente et reconnaissante.

III. Réaliser notre véritable nature de relation et de sens

Mais au-delà de cette renaissance à l'instant présent, le bonheur véritable nécessite également de combler nos besoins fondamentaux d'êtres humains en termes de relations profondes et de quête de sens. Notre nature profonde est d'être des êtres relationnels et de trouver une direction porteuse qui transcende notre simple individualité.

Prendre le temps d'entretenir et d'approfondir les liens authentiques avec nos proches, faire preuve de sollicitude, de bienveillance et de compassion envers notre entourage, s'engager dans un but qui nous dépasse : tout cela nourrit les sphères les plus essentielles de notre épanouissement personnel.

J'ai eu l'occasion de côtoyer ce genre de personnes ayant réussi à concilier une vie familiale et amicale riche avec un cheminement professionnel porteur de sens au service de la collectivité. Leur bonheur émanait de manière évidente et leur donnait une forme d'équilibre, de sérénité et de paix intérieure que nulle réussite professionnelle purement matérialiste ne saurait égaler.

IV. Réaliser l'équilibre entre l'avoir et l'être

Bien sûr, ces réflexions sur le véritable bonheur ne signifient pas qu'il faille rejeter toute ambition de prospérité financière. L'argent n'est pas le mal en soi, c'est notre attitude intérieure vis-à-vis de cette richesse qui détermine son impact sur notre bien-être.

À dose raisonnable et avec la bonne intention, l'argent peut au contraire être un formidable outil nous libérant des tracas du quotidien pour nous consacrer à l'essentiel. C'est lorsqu'il devient une fin en soi, une obsession maladive, qu'il représente un poison redoutable pour notre bonheur authentique.

La clé réside donc dans un savant équilibre entre les besoins légitimes d'assurer un certain niveau de vie matériel, et la dimension plus profonde de réalisation personnelle au service de ce qui nous dépasse. L'argent ne doit demeurer qu'un moyen, non une finalité.

En définitive, pour goûter aux délices d'un bonheur durable, c'est en cultivant notre jardin intérieur que nous récolterons les fruits les plus savoureux. En nous ancrant dans la présence attentive à chaque instant, en nourrissant des relations saines et généreuses, en nous engageant dans une quête de sens élevée.

Une sagesse universelle que les plus grandes philosophies et spiritualités n'ont cessé de nous enseigner sous de diverses formes, à travers les époques et les cultures. À nous d'enfin puiser en nous-mêmes les ressources de cette inestimable richesse bien plus précieuse que tous les trésors du monde.

9.2 - L'importance de la satisfaction personnelle et de la paix intérieure

Dans la course effrénée pour accumuler toujours plus de richesses et de réussites extérieures, il est aisé d'oublier une dimension essentielle de notre bien-être : celle de la satisfaction personnelle profonde et de la paix intérieure. Trop souvent, nous sacrifions ces aspects au profit d'objectifs superficiels qui, une fois atteints, ne nous procurent qu'un bonheur éphémère avant de laisser place à un sentiment de vide persistant. Il est donc primordial de remettre au centre de nos vies ce besoin fondamental d'un accomplissement serein et durable.

I. Libérer notre vrai potentiel de réalisation personnelle

Au fond de nous réside un désir profond d'exprimer pleinement notre singularité, nos talents et nos aspirations les plus intimes. Pourtant, combien d'entre nous étouffent cette part essentielle d'eux-mêmes au nom de contingences pratiques, de contraintes matérielles ou de conventions sociales ? Au fil des ans, ces renoncements successifs finissent par éroder dangereusement notre vitalité et notre joie de vivre.

Se réaliser parfaitement, dans le respect de ses valeurs et de sa vision personnelle, voilà une des clés de la véritable satisfaction. J'ai rencontré un ancien banquier qui, après une carrière bien remplie mais profondément insatisfaisante pour lui, a tout quitté pour enseigner la philosophie à des jeunes défavorisés. Sa révélation fut de se rendre compte à quel point il était enfin en phase avec son être profond, lui apportant un accomplissement sans commune mesure.

II. Développer un état d'esprit serein et une connexion au moment présent

Mais la satisfaction personnelle ne réside pas uniquement dans la réalisation d'ambitions spécifiques, aussi louables soient-elles. Elle procède d'un état d'esprit global, empreint de sérénité, d'acceptation et d'ancrage dans l'ici et maintenant. Cette capacité à être pleinement connecté et attentif au moment présent, sans projections mentales incessantes, est le terreau fertile de la paix intérieure véritable.

C'est d'ailleurs ce que nous enseignent de nombreuses traditions spirituelles et philosophies à travers les âges, comme le bouddhisme ou la sagesse taoïste : en lâchant prise sur nos pensées agitées et nos désirs incessants, nous découvrons la source fraîche de la présence pure à soi-même et à l'instant éternel. Une attitude radicalement différente des agitations perpétuelles de notre monde moderne, mais qui constitue pourtant le secret d'une profonde quiétude.

Une amie très chère me confiait récemment avoir vécu une révélation similaire lors d'un séjour dans un monastère, où la pratique de la méditation l'avait aidée à se débarrasser d'une anxiété chronique en l'ancrant enfin durablement dans le moment présent. Une libération intérieure inestimable.

III. Adopter une disposition d'esprit bienveillante et dépassant l'ego

Un autre aspect crucial sur la voie de la satisfaction profonde est celui d'une disposition d'esprit empreinte de bienveillance et d'acceptation, dépassant les limites habituelles de notre ego. Il s'agit de cultiver cette ouverture et cette compassion envers soi-même et autrui, en délaissant nos jugements destructeurs et nos peurs égoïques.

Car n'est-ce pas une source inépuisable de souffrance que de se critiquer constamment, de se juger sévèrement au moindre échec ou écart par rapport à des standards impossibles à atteindre ? De même, entretenir la colère, la jalousie ou le ressentiment envers les autres nous enchaîne dans un cycle infernal d'insatisfaction permanente.

Apprendre au contraire à s'accueillir pleinement soi-même avec douceur et bienveillance, tout comme accepter les autres dans leurs imperfections, là réside un ingrédient essentiel de la paix intérieure véritable. C'est ce chemin ardu que j'ai vu emprunter un vieil ami, longtemps prisonnier de son perfectionnisme étouffant, avant de réussir progressivement à se libérer en pratiquant une forme de méditation de la pleine conscience et de l'auto-compassion. Un long travail, mais ô combien libérateur et épanouissant pour lui.

IV. Retrouver le sens profond de son existence

Enfin, pour atteindre les plus hautes sphères de la satisfaction personnelle durable, il semble nécessaire de connecter sa vie à une forme de sens et de transcendance plus vaste. Sans quête d'une direction porteuse de sens élevé, nos accomplissements les plus brillants risquent à terme de sonner creux et de perdre toute saveur.

Il peut s'agir de se mettre au service d'une cause qui nous dépasse, qu'elle soit sociale, environnementale, spirituelle ou autre. Ou simplement de donner une orientation éthique et vertueuse à nos actes quotidiens. Mais dans tous les cas, c'est cette dimension de sens qui insuffle une satisfaction intérieure durable dans nos vies, au-delà des simples gratifications éphémères.

Une philosophe influente me racontait ainsi son long cheminement pour retrouver ce sens après une jeunesse dissolue. En ancrant son existence dans la transmission de sagesse auprès des jeunes générations, elle avait enfin trouvé un accomplissement qui transcendait sa seule individualité.

En fin de compte, satisfaction personnelle et paix intérieure véritable représentent en quelque sorte les deux faces d'une même pièce d'or massif. Un trésor loin des richesses matérielles conventionnelles, mais dont la valeur incomparable réside dans sa capacité à procurer un bonheur authentique et pérenne. À nous d'oser l'explorer, au plus profond de nous-mêmes.

9.3 - L'argent comme un outil pour atteindre ses objectifs, pas comme une fin en soi

Depuis la nuit des temps, l'argent fascine et obsède les êtres humains. Cet objet à la fois si trivial et si puissant semble revêtir une aura presque magique à nos yeux. Pourtant, c'est notre attitude face à cette richesse matérielle qui en fait un allié ou un redoutable poison pour notre bien-être intérieur. Car l'argent n'est qu'un outil, un moyen de faciliter certains aspects de notre existence. Le considérer comme une fin en soi représente un piège fatal, nous coupant de ce qui rend véritablement notre vie riche de sens et d'accomplissement.

I. L'illusion trompeuse de la richesse matérielle

Le mirage séduisant de l'argent nous hante dès le plus jeune âge. Les publicités omniprésentes n'ont de cesse de nous marteler que le bonheur est à portée de main, du moment que nous possédons ce produit dernier cri ou ce service supposément indispensable. Un discours pernicieux qui entretient l'illusion tenace que notre bien-être dépend avant tout de l'accumulation perpétuelle de richesses matérielles.

Pourtant, de nombreuses études ont démontré que passé un certain seuil de revenus permettant de subvenir à ses besoins essentiels, la hausse du patrimoine n'apporte quasiment aucun surcroît de satisfaction durable. J'ai moi-même croisé la route de milliardaires extrêmement riches mais profondément malheureux sur le plan personnel. Leur quête sans fin de l'avoir ne leur avait apporté que stress, vide intérieur et perte de sens.

II. Utiliser l'argent comme facilitateur pour réaliser nos aspirations essentielles

À l'inverse, envisager l'argent comme un simple outil, un moyen de concrétiser nos aspirations les plus nobles et profondes, c'est s'ouvrir à son immense potentiel d'épanouissement. Car les véritables clés du bonheur résident dans des domaines que la seule richesse matérielle ne saurait combler.

Il peut s'agir dans un premier temps de se libérer des tracas financiers du quotidien, afin de consacrer notre énergie et notre créativité à des objectifs plus élevés. Mais l'argent peut aussi directement nous permettre de réaliser nos rêves les plus chers en termes de formation, de voyages, de projets personnels ou entrepreneuriaux.

Une amie entrepreneur a ainsi pu lancer sa société de produits écologiques grâce au soutien financier initial d'investisseurs partageant ses valeurs. Plutôt que de se lancer dans une course à l'accumulation effrénée, elle utilise désormais son profit raisonnablement pour poursuivre son idéal et élever ses enfants dans un environnement sain.

III. Garder l'équilibre entre avoir et être

Bien sûr, ces réflexions ne signifient nullement qu'il faille rejeter toute ambition financière légitime. Un minimum de revenus reste indispensable à notre sécurité et notre liberté. La clé est plutôt de garder un juste équilibre, en considérant l'argent comme un moyen et non une fin.

Nombre de philosophies et sagesses anciennes ont d'ailleurs mis en garde contre les dangers de l'avidité et de l'obsession des richesses depuis la nuit des temps. Cependant, elles n'ont jamais prôné la pauvreté comme une vertu en soi. Leur message est d'adopter une relation saine et équilibrée face à l'argent, pour pouvoir se consacrer à sa réalisation intérieure.

Un sage taoïste éclairé me racontait ainsi son détachement progressif face à la soif des biens matériels. Sans tomber dans l'ascétisme, il avait appris à se satisfaire d'un niveau de vie modeste mais suffisant. Son énergie et ses ressources étant désormais pleinement dédiées à l'approfondissement de sa sagesse intérieure au service d'autrui.

IV. Exercer sa générosité et son sens des responsabilités

Un autre avantage majeur d'une vision saine de l'argent est de nous libérer pour mieux exercer nos qualités humaines fondamentales de générosité, de compassion et de responsabilité envers nos semblables.

Quand nous ne sommes plus obnubilés par la quête égoïste de l'accumulation, toute une gamme de possibilités s'offre à nous pour avoir un impact positif autour de nous. Que ce soit en prodiguant notre aide concrète ou notre réconfort à ceux qui en ont besoin, en soutenant des causes caritatives ou sociétales, ou simplement en rayonnant davantage de bienveillance au quotidien.

J'ai eu le privilège de connaître un entrepreneur à succès qui, malgré sa grande fortune, ne s'était jamais départi d'une profonde humilité et d'un sens aigu du devoir. Une partie considérable de ses revenus était consacrée à financer des initiatives entrepreneuriales et des opportunités d'éducation pour les jeunes défavorisés. Une façon pour lui de transmettre et d'impacter positivement les générations futures.

En définitive, l'argent bien qu'indispensable n'a de valeur que l'usage que nous en faisons. Le considérer comme une fin en soi ne conduit qu'à la frustration et l'insatisfaction. Mais appréhendé avec sagesse et discernement comme un outil au service de nos aspirations et idéaux les plus nobles, il peut s'avérer être une formidable source d'accomplissement et d'impacts positifs, pour nous-mêmes comme pour les autres.

9.4 - Apprendre à vivre une vie riche et épanouie, indépendamment de son niveau de revenu

Trop souvent, nous associons l'idée de richesse uniquement à l'accumulation de biens matériels et d'argent. Pourtant, cette vision réductrice nous coupe d'une réalité essentielle : il est tout à fait possible, et même souhaitable, de mener une existence profondément riche et épanouie, quel que soit notre niveau de revenus. Une leçon précieuse que nous enseigne de multiples traditions philosophiques et spirituelles à travers les âges et les cultures. Le secret réside dans notre capacité à porter un regard neuf sur les véritables trésors de la vie.

I. Remettre en perspective l'obsession matérialiste

Dès le plus jeune âge, nous sommes conditionnés par les messages publicitaires martelant que le bonheur résiderait dans la possession de biens toujours plus nombreux et dispendieux. "Achetez cette voiture dernier cri et vous serez comblé", "Offrez-vous ces vêtements de luxe pour rayonner de bien-être"... Un discours insidieux qui ancre l'illusion tenace qu'épanouissement et prospérité matérielle vont de pair.

En réalité, nombre d'études scientifiques ont montré de manière récurrente que passé un certain seuil suffisant pour subvenir à ses besoins de base, l'argent supplémentaire n'apporte quasiment aucun gain de bien-être psychologique. Pire, cette course sans fin engendre bien souvent stress, anxiété et manque de sens profond.

Un millionnaire de ma connaissance, malgré sa fortune colossale et son train de vie somptueux, m'avouait se sentir perpétuellement insatisfait et en quête de toujours plus de possessions. Une vraie prison dorée.

II. Redécouvrir les richesses infinies de l'essentiel

Pour goûter aux délices d'une vie remplie, nous devons apprendre à nous reconnecter à ces biens inestimables qui nous cernent mais que nous négligeons trop souvent : les trésors de la nature, les liens authentiques avec nos proches, la beauté insoupçonnée des petits bonheurs quotidiens, le simple mais ô combien précieux fait d'être en vie.

Prendre le temps de savourer pleinement un coucher de soleil enflammé, la caresse d'une brise printanière sur notre visage, le sourire rayonnant d'un enfant. Autant de pépites de joie pure à notre portée, dès l'instant où nous ouvrons nos sens et notre cœur à la dimension de l'essentiel.

C'est cette renaissance que relatait une amie après un grave accident qui aurait pu lui coûter la vie. Désormais, chaque journée devenait une célébration, un infini réservoir de petits instants précieux qu'elle chérissait de tout son être. Une richesse intérieure incomparable.

III. Cultiver les arts de la présence attentive et de la gratitude

Mais pour véritablement s'abreuver à ces sources intérieures inépuisables, il nous faut développer les précieuses facultés de la pleine conscience et de la gratitude. La capacité d'ancrer notre attention dans l'instant présent, plutôt que de perpétuellement errer dans les méandres agités de nos pensées.

Ainsi que l'art d'accueillir simplement avec reconnaissance ce qui se présente à nous, ici et maintenant, sans projeter de désirs insatisfaits sur ce moment déjà si riche en lui-même.

De nombreuses pratiques issues de la méditation, du yoga ou des philosophies orientales nous enseignent ces voies royales de l'enracinement dans la plénitude du présent. Une façon de retrouver notre naturel état de sérénité et de paix intérieure, indépendamment des circonstances extérieures.

J'ai eu la chance de suivre un stage de ce type, qui m'a permis d'expérimenter ces états de grâce profonde et d'unité ressentie avec l'univers environnant. Une forme d'opulence spirituelle totalement libre des contingences matérielles.

IV. S'engager dans une quête de sens transcendant notre individualité

Mais pour atteindre les plus hauts sommets de l'épanouissement humain, la plupart des sages à travers l'Histoire nous invitent à embrasser une perspective plus vaste que notre simple individualité. Il s'agit de connecter notre vie à une quête de sens élevée, qu'elle soit philosophique, spirituelle, au service d'une noble cause ou simplement vouée au bien commun.

En portant notre regard au-delà des satisfactions éphémères du moi, nous lions notre existence à des idéaux et une direction porteuse qui transcendent nos limitations habituelles. Une formidable source de motivation, de sérénité et de plénitude intérieure durable.

Une amie très chère a ainsi trouvé un accomplissement profond dans l'enseignement de la philosophie aux jeunes générations. Au-delà des gratifications matérielles, elle puisait chaque jour un bonheur immense dans la transmission de sagesse et l'ouverture d'esprit que son rôle lui permettait.

En définitive, la richesse sous sa forme la plus substantielle ne réside ni dans l'argent, ni dans les possessions, mais dans cet art de savourer l'essentiel, d'être pleinement présent et reconnaissant à chaque instant, en lien avec une aspiration porteuse de sens pour l'humanité. Un chemin d'éveil et de paix accessible à tous, quelle que soit notre situation matérielle, du moment que nous ouvrons notre cœur et déployons notre conscience.

9.5 - Les pratiques de pleine conscience et comment elles peuvent aider à cultiver le bonheur intérieur

Dans notre monde moderne trépidant, où l'agitation règne en maître, il peut sembler bien difficile de trouver un havre de paix intérieure durable. Pourtant, une clé précieuse pour y parvenir réside dans un trésor millénaire que nous portons en chacun de nous : la capacité d'ancrer pleinement notre conscience dans l'instant présent. Des traditions ancestrales comme le bouddhisme ou le yoga jusqu'aux recherches récentes en psychologie, tous mettent en avant les nombreux bienfaits de cette pratique de la "pleine conscience" pour atteindre un état de sérénité et de joie véritable. Un chemin d'éveil à portée de tous.

I. Être vraiment présent à sa propre vie

Notre fonctionnement mental habituel est celui d'un incessant vagabondage de nos pensées, récits et projections, tandis que nous dérivons en pilote automatique à travers notre existence. Rarement sommes-nous ancrés de manière lucide et attentive dans l'expérience directe du moment présent. Néanmoins, cette faculté simple mais profonde qui constitue le socle de la pleine conscience.

Il ne s'agit ni de concepts ésotériques complexes, ni de potentialités extraordinaires réservées à une élite. Mais du retour à cet état naturel d'éveil paisible, où notre attention se pose sans effort sur les sensations physiques, les émotions et les perceptions immédiates qui composent le miracle de chaque instant vécu. Une renaissance à la fraîcheur de l'expérience première, avant qu'elle ne soit recouverte du voile opaque de nos ruminations mentales perpétuelles.

Lors d'un stage de pratique intensive dans un monastère, j'ai pu moi-même expérimenter brièvement ces états de pure présence, où les choses redevenaient soudain vivantes et vibrantes de leur simple existence, sans projection ni filtre. Une révélation d'une profonde sérénité intérieure.

II. S'extraire du tourbillon des pensées agitées

Au fil de l'entraînement régulier de la pleine conscience, que ce soit par la méditation assise, les exercices de respiration ou l'ancrage dans les activités quotidiennes, nous développons une précieuse capacité : celle d'observer le flot incessant de nos pensées, émotions et sensations corporelles sans nous n'y accrocher ni nous laisser emporter par leur courant agité.

Plutôt que de nous identifier sans cesse à ces vagues mentales et de sombrer dans les drames de nos scénarios imaginaires, nous apprenons à prendre de la distance, à les laisser aller et venir sans nous y accrocher, tout en demeurant solidement ancrés dans la simple présence à l'instant.

C'est cette faculté que rapportait une de mes élèves après quelques mois de pratique. Elle parvenait désormais à reconnaître plus aisément les pensées négatives récurrentes qui la rongeaient, sans s'y laisser entraîner dans une spirale dépressive comme auparavant. Une libération qui lui redonnait force et sérénité.

III. Cultiver la bienveillance et la compassion envers soi-même

L'un des aspects les plus précieux de la pleine conscience est qu'elle nous invite à nous rapporter à nous-mêmes et à notre expérience avec douceur, acceptation et amour inconditionnel. Sans jugement ni rejet de tout ce qui se présente, aussi désagréable soit-il. C'est en délaissant cette résistance permanente à ce qui est que la profonde paix peut enfin naître.

Plutôt que de se critiquer sans cesse ou de fuir ce que nous ne voulons pas voir en nous, nous apprenons à l'accueillir avec compassion et compréhension. Cette ouverture du cœur à notre humanité imparfaite mais merveilleuse est le terreau fertile d'une joie simple mais puissante, celle d'être entièrement réconciliés avec ce que nous sommes dans le moment.

Un participant à un de mes ateliers a partagé comment, après des années de combat intérieur contre sa timidité maladive, il avait fini par réussir à faire la paix avec celle-ci grâce à la pleine conscience.

Désormais, il ne se jugeait plus mais l'accueillait avec bienveillance, apaisant ainsi la bataille qui l'épuisait tant.

IV. S'émerveiller des beautés insoupçonnées de l'ordinaire

Enfin, l'un des plus grands cadeaux de la pleine présence réside dans sa capacité à nous faire redécouvrir la dimension sacrée de chaque parcelle de notre existence la plus prosaïque. Alors que nous sommes constamment happés par nos préoccupations habituelles, la conscience pleinement éveillée révèle les infimes merveilles qui nous entourent en toutes circonstances.

Le simple fait de respirer, la saveur unique d'une gorgée d'eau fraîche, le tracé délicat d'une feuille sur le sol, le rire d'un enfant au loin... Autant de fragments d'éternité et d'émerveillement dont nous croisons le chemin à chaque instant, dès lors que nous déposons notre esprit agité pour les accueillir pleinement.

C'est cette renaissance à l'émerveillement du monde qui fascinait une jeune maman venue suivre mes enseignements. Elle avait retrouvé la capacité d'explorer l'univers à travers les yeux émerveillés de son nouveau-né, redécouvrant la beauté insoupçonnée de chaque moment de leur quotidien partagé.

En vérité, le bonheur véritable ne dépend d'aucune circonstance extérieure. Il réside déjà en ce royaume de paix et de grâce de l'instant présent qui est le nôtre à chaque respiration. La pleine conscience est simplement le sentier qui nous y ramène avec douceur et constance. À nous d'avoir le courage d'en emprunter le chemin.

9.6 - Exercices de pleine conscience pour favoriser le bonheur intérieur

Si la pleine conscience est un chemin royal vers la paix intérieure et l'épanouissement, la bonne nouvelle est que de nombreux exercices et pratiques sont accessibles à tous pour commencer à en goûter les fruits dès aujourd'hui. Du simple mais puissant ancrage dans la respiration jusqu'aux méditations guidées, en passant par l'intégration de présence attentive dans nos activités quotidiennes, multiples sont les portes d'entrée dans cet art de vivre l'instant dans sa plénitude. Le plus important étant de s'engager avec régularité et douceur sur ce chemin transformateur.

I. La méditation sur la respiration, porte d'entrée vers la présence

L'un des exercices fondateurs pour développer la pleine conscience est l'attention portée au cycle naturel de notre respiration. Car ce mouvement subtil et perpétuel constitue un remarquable point d'ancrage dans la réalité de l'instant présent, en nous détournant du flot agité de nos pensées et émotions mentales.

L'exercice est d'une grande simplicité : assis dans une posture détendue mais dignement éveillée, nous choisissons simplement de laisser notre attention se poser sur les sensations physiques subtiles de notre souffle, que ce soit au niveau du ventre, de la poitrine ou des narines. Chaque fois que notre mental s'égare, nous ramenons sans effort notre attention sur la respiration.

Avec la pratique régulière, même quelques minutes par jour, nous développons progressivement une distance apaisée par rapport à nos agitations intérieures, ainsi qu'une présence accrue à ce que nous vivons réellement dans l'instant.

II. La méditation de pleine conscience

Une autre pratique riche et puissante est la méditation dite de "pleine conscience", qui consiste en un large balayage attentionnel sur l'ensemble de notre expérience au moment présent. Cela inclut les sensations corporelles, les émotions, les sons environnants ou les pensées qui peuvent traverser notre esprit.

Assis dans une posture immobile, le principe est d'accueillir paisiblement chaque phénomène à mesure qu'il se présente à notre champ de conscience, sans Il n'y accrocher ni le fuir, tout en demeurant profondément ancré dans les sensations physiques du corps.

Au fil des séances, nous développons ainsi une lucidité accrue sur nos processus mentaux habituels, percevant directement les mécanismes de projection, d'évitement ou de fixation incessante auxquels nous avons tendance à nous adonner. Paradoxalement, cette pleine reconnaissance de ce qui est tel que c'est permis de s'en libérer progressivement.

J'ai moi-même été frappé par la profondeur de ces états de présence transparente et accueillante cultivés lors d'une retraite de pratique intensive sous la guidance d'un maître soufi. Une ouverture incroyable sur la richesse infinie de l'instant présent, emplie de paix et de sérénité.

III. Intégrer la pleine conscience dans nos activités

Enfin, un autre aspect merveilleux de la pleine conscience est qu'elle peut se déployer dans l'ensemble de nos activités, aussi triviales soient-elles, pour en révéler toute la dimension sacrée. Marcher, manger, se laver ou converser peuvent ainsi devenir de véritables pratiques spirituelles, au lieu de n'être que des gestes machinaux distraits.

Prenons l'exemple d'un repas : plutôt que d'enchaîner les bouchées de manière automatique, nous pouvons nous concentrer sur les odeurs, les textures, les saveurs de chaque portion. Mastiquer lentement, en pleine réception sensorielle des aliments que nous ingérons.

Où prendre une douche les yeux fermés, en se concentrant uniquement sur les sensations relaxantes de l'eau ruisselant sur notre peau. Tout un monde de présence intense à redécouvrir dans ces menus instants habituellement noyés sous le flot mental.

Une jeune mère m'a récemment confié combien elle était émerveillée par les trésors de conscience que révélaient ces temps d'attention plénière aux jeux, aux câlins ou aux soins prodigués à son enfant. De véritables élans de joie et d'émerveillement dès qu'elle sortait de la torpeur des pensées machinales.

IV. Douceur, patience et régularité

Bien que ces pratiques soient d'une grande simplicité, elles requièrent de notre part une forme très particulière d'effort : celui d'un lâcher-prise permanent vis-à-vis de notre tendance à toujours vouloir contrôler ou fuir. Cette conversion représente un profond détachement qui ne s'opère que progressivement.

Il est donc crucial de nous armer de douceur envers nous-mêmes lorsque notre attention se disperse sans jamais nous ne juger ni nous décourager. Comme le disait avec humour mon vieux professeur de méditation : "si vous vous égarez mille fois, revenez simplement mille fois vers le souffle ou le présent avec bienveillance".

La régularité, même sur de toutes petites sessions quotidiennes, est par ailleurs infiniment plus précieuse que des efforts sporadiques mais intenses. C'est cette constance appliquée et patiente sur la durée qui peu à peu imprime son sceau transformateur sur notre être.

Alors cultivons ces douces graines de la pleine conscience au fil des jours, en gardant foi dans leur potentiel à fleurir tels des bourgeons éclatants de présence, de joie et de sérénité dans nos vies. Car chaque respiration consciente est un pas de plus vers l'éveil à la profondeur insoupçonnée de notre nature essentielle.

Conclusion

Au terme de ce voyage explorant les multiples facettes d'une vie riche et épanouie au-delà du mirage des richesses matérielles, retenons les précieux enseignements qui se dégagent.

Tout d'abord, remettre en perspective l'obsession sociétale pour l'accumulation de biens et d'argent apparaît comme une évidence au vu des nombreuses études montrant les limites du pouvoir de l'opulence pour nous combler durablement. Au-delà d'un niveau de vie suffisant pour répondre aux besoins de base, la quête perpétuelle de toujours plus ne mène bien souvent qu'à l'insatisfaction, le stress et un profond manque de sens.

Bien plus essentiel est d'apprendre à se reconnecter aux véritables trésors qui nous entourent déjà : la beauté insoupçonnée de la nature, les liens profonds avec nos proches, la capacité à s'émerveiller des petits bonheurs immédiatement accessibles dans la saveur d'une gorgée d'eau fraîche ou le rire d'un enfant. Autant de pépites de joie pure et gratuite, directement à notre portée, dès lors que nous ouvrons grand nos sens et notre cœur à l'indicible richesse de l'instant présent.

C'est précisément cette voie royale vers l'expérience de la plénitude que nous enseignent les pratiques séculaires de pleine conscience. En cultivant l'art d'ancrer paisiblement notre attention dans le moment ici et maintenant, nous retrouvons la fraîcheur d'une existence intensément vécue, débarrassée du carcan des ruminations mentales et des drames intérieurs que nous nous créons sans cesse. Une renaissance permanente à la saveur de l'émerveillement originel, indépendamment des circonstances extérieures.

Outre les innombrables bienfaits de sérénité, de calme intérieur et de présence éveillée que la pleine conscience nous offre, elle nous invite également à un lien de profonde bienveillance et de compassion avec nous-même. Plutôt que de résister et de combattre chaque souffrance ou imperfection, elle nous enseigne à les accueillir avec douceur et acceptation, terreau fertile d'une paix véritable avec ce que nous sommes.

Enfin, l'une des plus hautes réalisations de ces chemins de sagesse consiste à porter notre existence au service d'une noble aspiration qui la transcende et l'inscrit dans une quête de sens plus vaste : qu'elle soit philosophique, spirituelle, humaniste ou simplement au service du bien commun. C'est accomplir ainsi notre destinée d'être humain dans ce qu'elle a de plus élevé que résider dans un accomplissement profond, sérénité et plénitude durables.

Alors, quel que soit notre niveau de ressources financières actuel, engageons-nous hardiment sur ces voies d'éveil révélant la richesse infinie qui demeure tapie au creux de chaque battement de cœur et respiration. À nous de déployer ces trésors au grand jour !

Concrètement, débutons dès aujourd'hui en introduisant quelques minutes quotidiennes d'exercices de pleine conscience pour retrouver la fraîcheur d'une existence intensément vécue dans sa dimension sacrée. Que ce soit en méditant sur le flux de notre respiration, en nous immergeant dans la dimensionnelle sensorielle d'un repas ou d'une marche, ou bien encore en nous reconnectant à la beauté mystique du chant des oiseaux au réveil et du ciel étoilé la nuit venue.

Accordons-nous également ces parenthèses de retour vers l'essentiel ou nous lâchons totalement prise sur nos préoccupations habituelles, nos désirs et nos peurs, pour plonger dans le pur émerveillement de ce que la vie nous offre d'ores et déjà dans toute sa générosité.

Car c'est bien cette attitude vis-à-vis de l'existence qui constitue à la fois la voie et le but ultime : se tenir avec grâce, paisiblement éveillé dans la profondeur insondable de l'instant, en pleine réception de l'afflux d'éternité qui conflue à chaque respiration. Rien d'autre à atteindre ni à obtenir que cet état d'unité parfaite avec le déploiement miraculeux du réel, ici et maintenant.

Soyons donc les pionniers d'un nouveau rapport libéré à l'argent et aux possessions, où la richesse véritable n'est plus qu'un reflet de celle infinie, intérieure, que nous portons en chacun de nous. Tel est le plus beau des trésors que nous puissions léguer aux générations futures.